U0870267

信用卡服务经营者附随义务

王敬礼 著

人民东方出版传媒
People's Oriental Publishing & Media
東方出版社
The Oriental Press

本书由北京服装学院培育基金项目支持

前言

信用卡服务业务的快速发展，在改变人们生活方式的同时，引发了大量的法律问题，这就要求法学界对现有的法律规定进行梳理、解释，使相应的法律纠纷得以解决，并在适当的时机对相关的法律规定所存在的不足予以完善。在信用卡服务引起的诸多法律问题中，信用卡服务经营者的附随义务是一个既有理论挑战性，又有实践价值的问题。对于法律理论及实务工作者而言，如何认识和理解信用卡服务经营者的附随义务是一个基础问题。解决这一问题，首先应从基于信用卡服务而产生的民事法律关系入手，在这一法律关系的框架内对信用卡服务经营者的附随义务进行界定。

信用卡服务法律关系是信用卡服务经营者及其消费者就信用卡的申请、使用、注销而形成的权利、义务关系的集中体现。该法律关系因信用卡服务合同的订立而开始，随着信用卡服务合同的终止而结束，因此，其在本质上是一种合同法律关系，即信用卡服务合同法律关系。信用卡服务经营者的附随义务，是指信用卡服务经营者在信用卡服务消费者申请、使用以及注销信用卡服务的各个阶段，遵循诚实信用原则，根据信用卡的功能及其实现方式等因素，应负的以保护、通知、保密等为主要类型的合同义务。

信用卡服务经营者的保护义务，是其基于经营者的法律地位，应负的保障信用卡服务消费者人身、财产权益安全的义务，避免消费者人身、财产权益因信用卡的申请、使用以及注销而遭受损害，是信用卡服务经营者附随义务的一种具体类型。作为保护义务的义务人，信用卡服务经营者应当承担保护卡内资金安全、保护服务场所安全、保存信用卡使用记录等义务。但是，法律需要对其承担的保护义务做出合理的限制。关于信用卡服务经营者履行保护义务的具体方式，既可以由信用卡服务合同当事人通过约定来确定，也可以借助法律明确规定的方式确定，还可以结合同业交易习惯认可的方式予以确定。信用卡服务经营者的通知义务，是指在其提供信用卡服务的过程中，遵循诚实信用原则，应将与信用卡服务相关的服务费用、服务方法、服务内容、卡内资金、卡片其他情况及时让消费者知悉的义务。信用卡服务经营者的通知义务不同于金融法中的信息披露义务，二者具有不同的法律属性，不可混淆。信用卡服务经营者应当按照通知义务的要求，承担合同条款、信用卡使用方法、业务风险及其防范技巧、信用卡账户发生变动等事项的通知等义务。信用卡服务经营者履行通知义务可以通过口头、书面或者数据电文等方式。信用卡服务经营者履行通知义务，应当达到一般理性人的要求，主动、客观、及时、全面通知必要的信息。信用卡服务经营者履行通知义务，只有符合上述标准、达到上述程度，才能被认定为适当全面履行了通知义务。不过信用卡服务经营者履行通知义务存在一定例外情形，即对于具有专门知识和经验的“特定客户”、信用卡服务消费者明确拒绝告知义务、客户提供虚假的联络方式及通信地址等情形，信用卡服务经营者不再负有通知义务。信用卡服务经营者的保密义务，是指其在履行合同的过程中，就办理信用卡业务所获取、掌握的关于消费者的信息，负有为消费者保密的义务。信用卡服务经营者承担保密义务的对象为信用卡服务消费者，其保密的具体内容为信用卡服务消费者的账户信息、交易信息、其他信息等。为了有效保护信用卡服务消费者的上述信息，信用卡服务消费者应当采取必要的措施，如避免已经知悉的信息被泄露、提供保密的交易环境等。当然，对于信用卡服务经营者承担的保密义务，在法律明确规定的情形下、信用卡服务消费者明确同意的情形下，以及其他为了公共利益的情形下，应当例外地免除信用卡服务经营者的保密义务。

信用卡服务经营者违反信用卡服务合同的附随义务，应承担相应的违约责任。在认定信用卡服务经营者违约责任的过程中，应当坚持过错推定的归责原则，即如果信用卡服务经营者能够证明自己已经履行了相应的附随义务，对信用卡服务消费者遭受的损害不存在过错，则不构成违约责任。在过错推定责任原则的指引下，应当结合信用卡服务经营者是否存在违反附随义务的行为、信用卡服务消费者所遭受的损害、信用卡服务经营者违反附随义务的行为与信用卡服务消费者所遭受的损害之间是否存在因果关系、信用卡服务经营者是否存在过错这四个方面来认定信用卡服务经营者的损害赔偿责任是否成立。只有同时具备上述四个要件，信用卡服务经营者才应承担违反附随义务的损害赔偿责任。信用卡服务经营者承担违约责任的具体形式，应当结合违反附随义务的具体情形来认定，可以是损害赔偿、继续履行以及其他具有法律依据的违约责任形式。信用卡服务经营者违反不同形态的附随义务，则其承担的违约责任形式不可一概而论，需要根据附随义务的具体形态，并结合个案的具体情形予以认定。

目录

绪 论

“信用卡产生于20世纪初，最初是由零售商在有限的范围内作为一种先消费后付款的延期支付工具发行的。”[1]作为一种延期支付工具，其所具有的便捷、效率以及安全的优势，使其使用范围迅速扩展到日常生活的其他领域，如石油公司、电气公司等。信用卡真正被银行关注并开始被运用于银行业务始于美国的一位伟大消费信贷专家“约翰·C. 比金斯（John C. Biggins）发明的记账吧”信贷方案，“1952年，美国纽约的富兰克林国民银行发行了第一张信用卡”。[2]从此信用卡正式成为银行业务产品之一。信用卡从其被引入银行业之日起便显示了强劲的影响力，受到广泛的欢迎。经历了半个多世纪的发展与推广，现在的信用卡业务已经成为世界很多国家的商业银行所开展的金融业务中的重要业务。

---

① See John C. Weistart, “Consumer Protection In the Credit Card Industry:Federal Legislative Controls”, *Michigan Law Review*, Vol.70, 1971-1972, at 1476.

② 侯春雷:《银行卡民事纠纷法律适用》，人民法院出版社2013年版，第12页。

一、选题背景及问题提出

信用卡并非从其产生之初就走入法律人的视野。其作为一种法律现象引起人们的注意，进而作为法学的研究对象经历了一个过程。这个过程可以简要地概括为业务发展、出现问题、解决问题的需求等几个步骤。下面首先介绍一下信用卡是如何成为一种法律现象的，以及信用卡服务经营者的附随义务如何成为一个具有重要意义的法律问题。

（一）选题背景

随着改革开放的深入，我国银行业金融业务也迎来了发展的春天，轰轰烈烈的金融改革也由此拉开序幕。特别是伴随着金融产品的改革与开放，信用卡业务作为一种舶来品被引入我国商业银行经营的服务产品之中。1985 年中国银行股份有限公司珠海分行发行了我国第一张信用卡，以此为标志，信用卡正式成为我国商业银行经营的业务之一，同时也标志着信用卡在我国的诞生。在此后的 30 年内，我国信用卡业务得到了快速的发展，其发展成果突出体现在以下几个方面：其一，从发卡数量来看，“截至 2013 年年底，我国信用卡累计发卡数量超过 3.91 亿张，其中十余家商业银行的发卡数量超过 1000 万张”；其二，从持卡消费额占社会消费品零售总额的比例来看，“目前我国信用卡消费额在社会消费品零售总额中占比接近50%”；其三，从持卡人数量和人均持卡量来看，“不考虑部分交叉持卡的因素，我国信用卡实际持卡人约2.6亿，人均持卡量近0.27张”；[①] 其四，顺应金融市场新的发展需求，我国商业银行针对信用卡业务设立了专门机构。以中国银行股份有限公司为例，在中国银行股份有限公司总行专门设立了银行卡中心部，并为了更好地发展信用卡业务，该中心细化了相应的业务分工，如负责信用卡市场风险分析管理的风险管理团队，负责信用卡产品品质的品质管理团队，负责信用卡市场开拓的市场管理团队，负责信用卡收单业务管理的收单管理团队，负责信用卡收付清算的收付清算团队，负责信用卡业绩比较的业务分析团队等。由此可见，我国的信用卡业务在经历了快速发展后，已经广泛地渗入到生产生活的很多领域，已经成为人们日常生活的重要组成部分，既能够对商业银行是否健康快速发展产生影响，也能够对普通百姓的生活质量产生影响。

随着银行卡特别是信用卡的普及和推广，围绕我国信用卡业务的很多问题也开始逐渐暴露出来，其中的一类问题就是基于信用卡业务引起的法律问题。围绕这些法律问题而产生的纠纷，进一步引发了我国法院开始审理涉及不同法律部门的新类型法律案件，即信用卡案件。如由于信用卡产品不符合监管规则的要求而引起的信用卡行政案件，由于伪造并使用信用卡而引起的关于伪造信用卡犯罪的信用卡刑事案件，由于信用卡的持卡人出借信用

① 高民:《信用卡业务国际比较》，载于《中国金融》2015年第2期，第53页。

卡而引起关于未经授权使用信用卡的信用卡民事案件，在这些案件中尤其以民事案件的蔓延速度最快。为了进一步证实信用卡案件的分布特点，笔者分别以信用卡行政案件、信用卡刑事案件以及信用卡民事案件为关键词，通过中国裁判文书网对该数据库内2013年1月1日至2015年9月20日的所有信用卡案件进行搜索，并将搜索结果所反映的案件分布情况制成下图。如图所示，在我国2013年至2015年信用卡案件中，信用卡民事案件的发案数量一直遥遥领先。

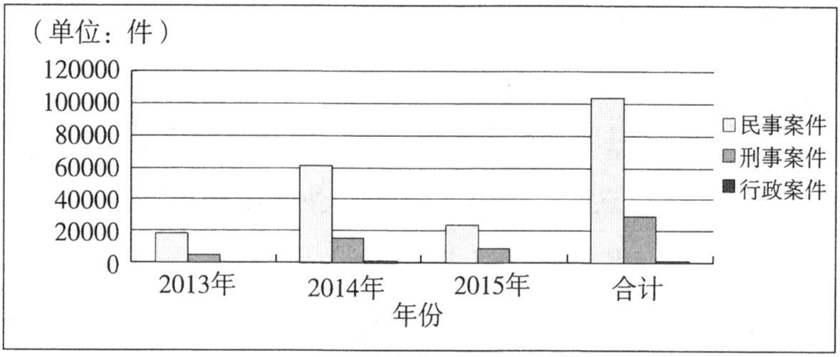

2013年至2015年信用卡案件分布情况[①]

正是由于大量的信用卡民事案件的存在，促使本书作者将研究的视角对准了因信用卡业务而引发的民事法律问题，期待为信用卡业务的发展提供更多的法律支撑。

---

① 笔者通过中国裁判文书网，以信用卡纠纷为关键词进行搜索，形成本图。其中2015年信用卡案件数量截至2015年9月20日。

（二）问题提出

实践中因为信用卡的申请、使用以及注销而引发的法律纠纷多种多样，而且每一个案件的发生都侧重于不同的法律问题。因此，我们可以从具体的案例着手来归纳和发掘问题的症结，并在此基础上展开研究，以期寻找打开问题之门的钥匙。我们先来回顾并思考以下两则案例：

1. 杨某与某商业银行信用卡纠纷案。[①]

（1）基本案情。杨某在大学期间，学校为在校学生统一办理用于缴纳学费的某商业银行信用卡，但毕业后杨某长期未用该信用卡，后来发现该信用卡产生利息欠款 0.46 元，至纠纷发生前已经欠缴利息至 30 元，并形成不良记录。后杨某至银行缴纳了利息，当要求注销卡片时，被银行工作人员告知需要缴纳试用期间的年费才能注销卡片。但是在发放卡片的时候，银行并未将相关事宜通知杨某，于是杨某与商业银行产生争议，杨某将商业银行投诉至人民银行的金融消费维权中心。

（2）处理结果。经人民银行金融消费维权中心处理后，该商业银行为客户办理了注销手续，并冲减了由此产生的年费，同时为杨某消除了不良记录。

① 参见中国人民银行金融消费权益保护局编著：《金融消费权益保护典型案例》（2013），中国金融出版社 2014 年版，第 25 页。

2. 邱某诉工行万通支行信用卡纠纷案。[1]

（1）基本案情。邱某于2006年在中国工商银行股份有限公司广东省分行万通支行（以下简称工行万通支行）申领牡丹国际信用卡一张，双方在合同中确认涉案信用卡在消费及取现时均需要输入密码。邱某于2011年3月1日在广州时，先后三次收到涉案信用卡在境外消费、取现的通知。邱某意识到该信用卡被盗刷，遂及时挂失止付，并向公安机关报警。后邱某认为工行万通支行没有尽到对自己的保护义务，将工行万通支行等诉至法院，请求法院判决：一是被告立即向邱某返还存款，并赔偿邱某的损失；二是本案案件受理费由被告承担。

（2）法院裁判。一审法院经审理认为：在信用卡刷卡消费、取现的过程中，发卡银行负有安全保障及谨慎审查信用卡的义务；持卡人负有谨慎保护密码的义务。工行万通支行接受了非法复制的银行卡的交易，并从邱某的信用卡账户中划扣相应款项，对此，工行万通支行未能尽到谨慎审查义务，应对其过错行为承担违约责任。同时，信用卡交易密码是由持卡人自己设置的，持卡人对密码有妥善保管和保密的义务；因邱某未能尽到妥善保管密码的义务，导致密码被他人得知，对其自身损失亦有过错，应承担相应责任。故应对损失各承担50%的责任。

二审法院经审理认为：银行负有保障客户信用卡内信息安全及提供能够识别信用卡是否为克隆卡的终端消费、取款设备的义

[1] 参见广东省广州市中级人民法院（2012）穗中法民二终字第817号《民事判决书》，本书对案情进行了删减。

务；客户也负有不得泄露取款密码的义务。他人持有克隆卡在境外非法消费、取现，银行没有尽到保障信用卡内信息安全的义务，另外，银行亦未能提供能够有效识别真伪信用卡的终端消费、取款设备，导致克隆卡非法消费、取现成功。因此，工行万通支行应对邱某的损失承担责任。但是，他人能够持克隆卡进行消费，反映出信用卡的密码已经泄露，可见，邱某作为信用卡密码的设定者没有妥善保管密码，导致他人能够凭借正确的密码进行消费、取现，对其损失亦存在过错。由此，二审法院判决维持一审判决。

上述两个案例均因信用卡纠纷而引起，虽然案件事实不完全相同，但是最终都引起了信用卡服务经营者与信用卡服务消费者之间的纠纷。上述纠纷的起因并非信用卡服务经营者没有提供合同约定的信用卡服务，而是围绕其是否应当承担一定非约定义务而产生的。如果信用卡服务经营者在承担约定义务以外还要承担其他义务，那么相应的义务是否有法律依据？相应义务是否属于合同义务及其内容如何确定？信用卡服务经营者没有履行这些义务将产生什么样的法律后果？对照上述问题，笔者检索了我国《民法典》的有关规定，通过对相关规定的初步分析，似乎找到了一个答案，即根据《民法典》第 509 条等相关规定，民法学界将上述规定概括为关于合同附随义务的规定。但是我国《民法典》的上述规定过于笼统，是否以及如何有效地规范信用卡服务经营者的行为就成为摆在笔者面前的又一个问题。带着这样的问题，笔者走上了关于信用卡服务经营者附随义务的研究之路。

二、研究现状的综述分析

我国关于信用卡服务经营者附随义务的研究依然处于起步阶段，这一点突出表现为缺少系统化的理论研究成果。这种现状一方面要归因于信用卡服务合同为无名的非典型合同的法律地位，另一方面也要归因于合同附随义务制度作为后发理论问题的学术历史地位。[①] 在司法实践的推动下，上述法学研究的缺陷得到了有关学者的注意，并推动了相关研究成果的诞生。

（一）国内关于信用卡民事法律纠纷主要研究现状的综述

就信用卡服务合同而言，比较有代表性的研究成果有我国学者杨振东先生的《信用卡法律理论及适用》，侯春雷教授的《信用卡交易的民法分析》《银行卡民事纠纷法律适用》等。

杨振东先生在其《信用卡法律理论及适用》一书中对信用卡的基本法律理论及在实践中的适用展开研究，分别就信用卡民商法律规制体系、信用卡新型民商法律问题、信用卡侵权的归责原则及法律后果、持卡人具体权利的维护、信用卡与知识产权、信用卡与税法、信用卡的发展趋势等进行了深入细致的分析。最后，杨振东先生经过自己的研究指出了我国信用卡民商事法律规定的不足，“在我国现行残缺不全的信用卡民商法律体系中，对于当事

① 参见侯春雷:《信用卡交易的民法分析》，法律出版社 2010 年版，第 31 页。

人各方的权利义务规定得不具体、不清晰，持卡人的法律救济渠道不畅通。司法机关裁判信用卡案件时，缺乏具体的法律依据，更多的是参照发卡银行的行业惯例，这对于保护持卡人的合法权益是十分不利的”①。

侯春雷教授在其《信用卡交易的民法分析》一书中对信用卡的概念、信用卡的功能、信用卡交易法律关系架构为四边形法律关系、信用卡服务经营者与信用卡服务消费者之间合同法律关系的性质、信用卡交易法律关系之间的独立性与持卡人抗辩权的接续、信用卡交易之民事责任的性质与归责原则等问题展开研究。就信用卡服务经营者的附随义务而言，该著作中在讨论信用卡交易法律关系之间的独立性与持卡人抗辩权的接续这一问题时有所涉及，但仅将附随义务理论作为探讨持卡人抗辩权接续的理论依据阐述自己的观点，并没有就信用卡服务经营者附随义务的问题展开深入探讨。侯春雷教授在其《银行卡民事纠纷法律适用》一书中，对银行卡概念、银行卡功能、银行卡交易法律关系的构成、银行卡消费者权益的保护、银行卡民事纠纷类型及其程序性问题、银行卡持卡人与发卡人合同纠纷的法律适用、银行卡侵权纠纷的法律适用、银行卡未经授权使用所引发的相关纠纷的法律适用、银行卡其他民事纠纷的法律适用、银行卡民事纠纷法律适用的司法解释等问题进行了研究。就信用卡服务经营者附随义务的理论和实

---

① 杨振东:《信用卡法律理论及适用》，社会科学文献出版社 2012 年版，第 252–253 页。

践问题，在具体银行卡民事纠纷法律适用中有所涉及，但不是其研究的重点，没有按照附随义务的理论脉络进行完整分析。

（二）国内关于附随义务主要研究现状的综述

随着我国合同法理论研究的不断深入、系统、全面，合同的附随义务制度作为合同法领域中的重要课题已经引起学界的足够认识，比较有代表性的成果如西南政法大学的侯国跃博士的博士论文《契约附随义务研究》、中南财经政法大学的李亮博士的《合同之附随义务研究》一书。两位博士站在附随义务一般理论的角度展开自己的研究。

侯国跃博士在其《契约附随义务研究》的博士论文中，集中而深入地探讨了契约附随义务的一般理论问题，主要包括契约附随义务的理论界定、契约附随义务理论的形成和发展、契约附随义务的正当性解释、契约附随义务的价值与功能、契约附随义务的类型、违反契约附随义务之效果分析、附随义务的认定等问题，涵盖了关于契约附随义务的概念、历史、基础、功能、形态、违反后果以及适用等基本范畴，并形成了其关于契约附随义务的一般结论。此后，在研究结论的基础上进一步梳理了我国立法对契约附随义务的规定，并有针对性地提出了存在的问题和完善的建议。该书在研究契约附随义务一般理论的过程中，结合了相关的合同案例，但是没有就信用卡服务经营者附随义务的有关问题进行有针对性的分析。

李亮博士在其《合同之附随义务研究》一书中，从合同附随义务的一般理论和附随义务立法完善的角度进行研究，研究了合同之附随义务的历史轨迹、合同之附随义务的法哲学分析、合同之附随义务的经济学分析、合同之附随义务的民法学理论基础、合同之附随义务与相关制度的比较研究、合同之附随义务的适用和完善。

（三）关于研究现状的分析

第一，通过对上面相关成果的回顾，充分地说明了一个问题：将合同附随义务制度与具体的合同类型相结合，以特定类型的合同法律关系为背景来研究附随义务特定规则的研究成果还不多。这一现状在我国司法实践中也有所体现，即就特定类型合同的附随义务纠纷没有统一的裁判规则和裁判尺度。在我国司法实践中，围绕某一特定类型的合同附随义务纠纷所做出的裁判结果体现出很强的个性化色彩，其中的主要原因是没有就特定类型合同的附随义务形成统一的裁判标准，通行做法是根据个案情况，按照合同附随义务制度的基本精神确定具体案件的裁判结果。由于缺少结合具体类型合同的附随义务规范，所以个案中关于具体合同附随义务的法律适用的结果，往往取决于裁判者本人对个案事实的认识及其个人对合同附随义务制度的理解。这必然导致类似案件有时会形成不同的裁判结论，甚至会出现相互冲突的司法判决，严重地损害我国的司法权威，不利于司法公信力的培植。就信用卡服务经营者的附随义务而言，亦存在同样的问题。这一现象着实表明了需要对我国法律关于信用卡服务合同附随义务的有关规定进行专题研究，发挥法律对信用卡服务合同当事人正确使用信用卡的指引规范作用，减少纠纷发生，解决法官在司法裁判过程中统一法律适用上面临的诸多难题。上述情况表明，我国急需启动包括信用卡服务合同附随义务在内的与特定类型合同相结合的附随义务研究。

第二，我国关于信用卡服务经营者附随义务的研究成果相对笼统，对实践缺乏针对性和可操作性的指导，信用卡业务实践呼唤着能够指导具体规则构建的具体理论研究成果的出现。然而，上述研究成果重点围绕信用卡服务合同的法律关系结构、主给付义务的履行、主给付义务违反的法律后果，对于附随义务没有给予更多的关注。但是，“持卡人与发卡人之间经济法律地位的严重不对等，有必要通过强行法的规定，确立发卡机构在合同履行中的告知义务、诚信义务、善良义务，衡平地分配相互间的权利、义务”[①]。而合同附随义务一般理论的研究结论多具有抽象性，停留在一般理论的层面。没有结合我国合同法治的实践，按照具体的合同类型分门别类、因案而异地阐释不同类型合同法律关系下的附随义务，仅仅体现了合同附随义务的原则规定，对司法实践缺乏针对性指引和规范，无法满足实践的现实需求。因而，需要通过进一步研究，实现理论的具体化与制度细化，进而实现对司法实践的明确指引和具体规范。

---

① ［美］乔治·P. 弗莱彻、史蒂夫·谢泼德：《美国法律基础解读》，李燕译，法律出版社2008年版，第295页，转引自杨振东：《信用卡法律理论及适用》，社会科学文献出版社2012年版，第253页。

综上所述，有必要在现有研究结论的基础上，围绕信用卡服务经营者的附随义务展开专题性的研究。通过专题性研究总结信用卡服务经营者附随义务的存在基础和实践形态，对照我国法律的现行规定探讨如何规范相关行为，以实现对信用卡服务消费者的周严、全面保护。

三、研究框架

本书以信用卡服务经营者附随义务为研究对象，结合在信用卡服务法律纠纷的产生与解决过程中所涉及的相关问题展开研究。在本书的第一部分，笔者认为应当解决如下几个问题。首先，应当思考和解释的问题，即信用卡服务经营者附随义务是什么，信用卡服务经营者附随义务在信用卡业务实践中是如何体现的。其次，在此基础上进一步提出了信用卡服务经营者附随义务是否有单独存在的必要，即信用卡服务经营者附随义务与一般的合同附随义务相比具有什么特殊之处，如果没有特殊性，那么是否还有单独存在的必要，因此，本书就信用卡服务经营者附随义务的特殊性做了专门的论述和分析。再次，信用卡服务经营者附随义务具有哪些功能，信用卡服务经营者附随义务的功能是其制度价值之所在，正是这些无法替代的制度功能彰显了其存在的意义。最后，信用卡服务经营者附随义务在实践中的类型构成。信用卡服务经营者附随义务的类型构成是按照一定依据对信用卡服务经营者附随义务的具体形态进行类型化的结果。确定信用卡服务经营者附随义务的类型构成，不仅是对信用卡服务经营者附随义务深化认识的结论，同时也是对其进行再深化认识的重要方法。由于信用卡服务经营者附随义务的具体形态五花八门，无法进行逐一分析，所以通过提取公因式的方式将具有最大相似性的义务归入一类，最终形成相对确定的类型及构成结构。在确定信用卡服务经营者附随义务类型构成的基础上，分别论述特定类型信用卡服务经营者附随义务内容的确定规则、具体内容以及义务的履行。由此将本书的研究视角自然而然地引入到信用卡服务经营者附随义务的具体形态上，即引出本书的第二至第四部分。

本书第二章至第四章分别围绕信用卡服务经营者附随义务的具体类型而展开，即保护义务、通知义务、保密义务，着重围绕如何理解信用卡服务经营者在信用卡服务合同中承担的保护义务、通知义务、保密义务的理论来源和立法体现，如何确定信用卡服务经营者在信用卡服务合同中承担的保护义务、通知义务、保密义务的内容，信用卡服务经营者如何履行基于信用卡服务合同应当承担的保护义务、通知义务、保密义务这三个具体问题展开研究。在对上面三个问题开展研究的过程中，通过民法合同理论的引入、信用卡业务产品结构的分析、对信用卡服务合同纠纷的司法审判实践进行理论结合实践的研讨，最终形成相对确定的研究结论。

本书的第五章就信用卡服务经营者违反附随义务的民事责任展开研究，围绕信用卡服务经营者违反附随义务民事责任的法律性质、归责原则、构成要件以及责任形式展开研究。

本书的五个部分不是机械分散的罗列，而是有机统一的整体。通过概念、特殊性、功能、类型的界定，从整体上对本书的研究对象进行界定，使读者能够明确本书的研究对象及其自身所具有的特殊性、功能和类型构成。在第一部分研究结论的基础上，详细论述信用卡服务经营者附随义务的具体类型及其内容，并进一步讨论了对于内容得到确定的具体类型的附随义务应当如何履行。为了确保附随义务的履行，需要有配套的法律责任作为约束，因此，本书将民事法律责任作为研究信用卡服务经营者附随义务的重要部分放在最后，不仅符合分析逻辑，也符合思维习惯。

四、研究方法

研究方法，是指研究者开展研究工作的技术、技巧。“法学的历史反复表明，用于研究工作的方法是否正确和有效，对于科学研究是至关重要的”，“方法的生命胜过观点”。[①]这种重要性不仅体现在每一项研究工作都离不开具体的研究方法，而且还体现在运用不同的研究方法可能会得出不同的研究结果，所以探索、掌握和适用科学的研究方法是有效开展研究工作的前提，也是顺利完成研究工作进而得出科学研究结论的保证。信用卡服务经营者附随义务，是合同附随义务制度伴随着信用卡业务发展而不断具体化的结果，其依赖于合同附随义务制度的同时又有其独立的特

① 张文显：《二十世纪西方法哲学思潮研究》，法律出版社2006年版，第3–4页。

殊性，这一特殊性不仅是本书研究的出发点，同时也是本书研究所追求的落脚点。这一过程很好地印证了“大部分的法律都是经过不断的司法裁判过程才具体化，才获得最后清晰的形象，然后才能适用于个案，许多法条事实上是借裁判才成为现行法的一部分”[①]。所以，本书的研究过程以及由此形成的结论，是利用合同附随义务制度具体化方法的过程及在这一方法指导下形成的结论。为了得出直接适用于司法实践的具体个案的裁判规范，综合运用行为法律经济学方法、实证分析法、案例分析法、概念分析法、综合归纳法等具体研究方法。下面着重介绍一下本书重点运用的行为法律经济学方法、实证分析法、案例分析法、概念分析法以及综合归纳法。

行为法律经济学方法，主要研究法律如何影响人们的行为，以及如何设计更有效的手段和方式来解决问题。[②]该方法已经成为消费者交易研究的主流方法之一。其侧重于规则对人的行为实际效果的分析，具有非常强的理论解释力和相当强的批判力和建构力。[③]

实证分析法，是指对因特定事实引发的法律纠纷的数量、案件分布情况进行据实统计，基于信息统计结果确定研究对象的研究价值并展开研究的基本方法。本书在选题论证中通过对实证数

① ［德］卡尔·拉伦茨：《法学方法论》，陈爱娥译，商务印书馆 2003 年版（引论），第 20 页。

② See Cass Sunstein, *Why Nudge? The Politics of Libertarian Paternalism*, Yale University Press, 2015.

③ See Oren Bar-Gill, *Seduction by Contract: Law, Economics, and Psychology in Consumer Markets*, Oxford U. Press ,2012.

据的汇总、分析，对我国现行司法实践中银行卡纠纷、信用卡纠纷的案件数量、案件分布情况进行统计，通过案件数量说明包括信用卡纠纷在内的银行卡纠纷案件数量的规模，进而证明本书选题具有重大的实践意义。由此，确立了信用卡服务经营者附随义务作为本书的研究对象。

案例分析法，是指通过对典型案例所涉案件事实、案件裁判理由以及裁判结果进行分析，并提取其中存在的相关问题的研究方法。案例分析法主要用于对本书研究对象基本范畴的确定上。本书开篇以典型案例着手，通过对案例事实的回顾与所涉法律问题的分析，引出本书的问题，即信用卡服务经营者附随义务作为一个法律问题，对其展开研究具有一定价值和意义。这一价值和意义体现在其具有自己独特的概念，具有区别于其他合同义务以及一般附随义务的特殊性，具有自身独特的法律功能，以及具有自成体系的丰富的类型结构。因此，案例分析法是本书主要的研究方法。

概念分析法是法学研究的基本方法。本书在研究过程中多次运用概念分析法，如在对信用卡服务经营者附随义务的概念、信用卡服务经营者保护义务的概念、信用卡服务经营者通知义务的概念、信用卡服务经营者保密义务的概念等的分析过程中都是借助于概念分析法实现对概念的阐释。

综合归纳法，是指针对分散的研究现象进行归纳、抽象，并得出其一般性特征的研究方法。本书对信用卡服务经营者附随义务具体形态的内容及其履行等问题的研究运用了综合归纳法。信用卡服务经营者附随义务具体形态的内容和履行方式，往往需要基于特定的合同类型、合同目的以及相应的合同履行习惯进行确定，因此多为实践经验的总结与升华，需要在论证的过程中结合实践经验进行归纳总结。

第一章

信用卡服务经营者附随义务的基本理论

信用卡服务经营者附随义务并非我国法定概念，[①] 这一概念更多地被使用在对现有法律规定进行分析解释的过程中，是对法律规定的特定内容进行分析的理论工具。因此，首先应当对信用卡服务经营者附随义务的概念予以准确界定，同时结合信用卡服务经营者附随义务的概念分析其所具有的特殊属性。在此基础上进一步分析和归纳信用卡服务经营者附随义务的功能，确定信用卡服务经营者附随义务的类型构成。通过上述对概念的界定、特殊性的分析、功能的归纳和类型构成的确定，可以准确地理解和把握作为基本分析工具的信用卡服务经营者附随义务的本质，进而为后续问题的分析和论证确定一个明确的逻辑起点。因此本章作为本书的第一部分，将围绕上述问题展开讨论。

---

① 如我国《民法典》合同编第 509 条被认为是合同附随义务的立法渊源，但是该条规定并没有采用附随义务这一概念，同样在我国《民法典》合同编分则中也没有出现合同附随义务的概念。

第一节　信用卡服务法律关系与信用卡服务经营者附随义务概述

“在法律的体系中，概念的特点和功能是独特的：它是对法律事实进行定性的，既确定事件、行为和物品等的‘自然属性’和‘社会属性’，又确定事件、行为和物品的‘法律属性’，因而为人们认识和评价法律事实提供了必要的结构。没有这个结构，就无法对事件、行为和物品做出法律评价和法律处理。”①“如果在认识过程中没有产生新的概念、范畴，那就意味着对客体的认识还停留在感性阶段，还没有进入理性思维阶段，还谈不上理论活动和理论表现。”②“科学的界定概念”及其形成的“科学界定的概念”是对于一个问题展开理论研究的特定标志与必要的逻辑起点，没有经历过“科学的界定概念”的过程，便没有“科学界定的概念”，相应的研究工作就无法按照正确的逻辑展开。因此，对于信用卡服务经营者附随义务的研究首先应当从对其概念进行“科学的界定”开始，信用卡服务经营者附随义务的概念奠定了信用卡服务经营者附随义务所有理论问题的总基调。

---

① 张文显：《二十世纪西方法哲学思潮研究》，法律出版社 2006 年版，第 331 页。

② 张文显：《法哲学范畴研究》（修订版），中国政法大学出版社 2001 年版，第 2 页。

一、信用卡服务法律关系分析及其信用卡服务经营者定位

如何理解和界定信用卡服务经营者是确定信用卡服务合同当事人权利义务内容的重要前提，也是相关研究能够有效推进的逻辑起点。对于信用卡服务经营者的界定，应当将其置于信用卡服务法律关系的背景下进行，即在信用卡服务法律关系背景下界定信用卡服务经营者的内涵。由于信用卡交易往往涉及多方法律主体，不同的法律主体之间相应地存在着不同的法律关系，那么如何辨别基于信用卡的使用而产生的多重法律关系与基于信用卡服务合同而产生的信用卡服务合同法律关系，就成为我们认识信用卡服务合同法律关系的前提和关键步骤，因此，本书首先从分析基于信用卡的使用而产生的多重法律关系架构开始。

（一）基于信用卡的使用而产生的多重法律关系网

信用卡的使用往往涉及多方法律主体，各方法律主体之间基于信用卡这一媒介编织了一张法律关系网，而且由于信用卡的不同功能，对应的法律关系网的结构和复杂程度也有所不同。因此，对基于信用卡的使用而产生的法律关系网的分析应结合信用卡的具体功能来展开。虽然在理论上关于如何界定信用卡本身存在多种观点，[①] 如信用支付工具说、信用凭证说等，但是关于信用卡所

---

① 参见侯春雷:《信用卡交易的民法分析》，法律出版社 2010 年版，第 1–3 页。

具有的功能没有太大的争议。信用卡的功能包括存款功能、取款功能、跨行取款功能、转账结算功能、跨行转账结算功能、消费结算功能、跨行消费结算功能、授信消费功能、跨行授信消费功能等。一张信用卡具体具备哪些功能需要根据当事人在签订信用卡服务合同时的具体约定来确定，可以选择支持全部功能也可以选择支持部分功能。但是至少在理论的层面，信用卡可以承载上述全部功能。信用卡功能的多寡在一定程度上决定了其涉及的法律关系主体的多与少，本书按照所涉法律关系主体多少的顺序逐一分析相应的法律关系网：

1. 存在于两方主体之间的双方法律关系。信用卡服务法律关系的基本模式表现为两方主体构成的双方法律关系，即存在于信用卡服务经营者与信用卡服务消费者之间的信用卡服务合同法律关系，如图 1.1 所示。这种模式下的信用卡功能相对单一，如不具备跨行交易、授信消费支付等功能。

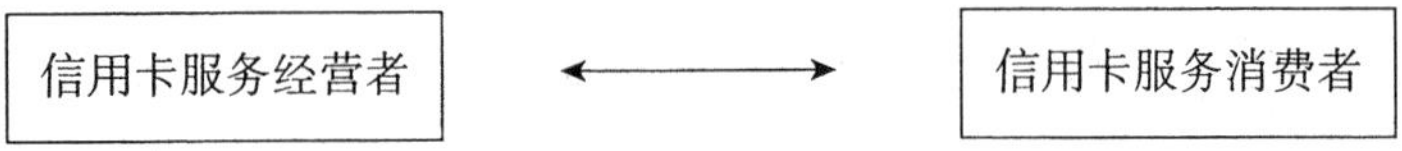

图 1.1　双方法律关系

2. 存在于三方主体之间的三角法律关系。这种模式是在信用卡服务法律关系基本模式的基础上产生的。在该种模式中存在三种法律关系，即信用卡服务经营者与信用卡服务消费者之间的法律关系、信用卡服务消费者与特约商户之间的法律关系、特约商户与信用卡服务经营者之间的法律关系，如图 1.2 所示。在这种模式下信用卡的功能较上一种有所增加，如可以实现授信消费支付等功能。

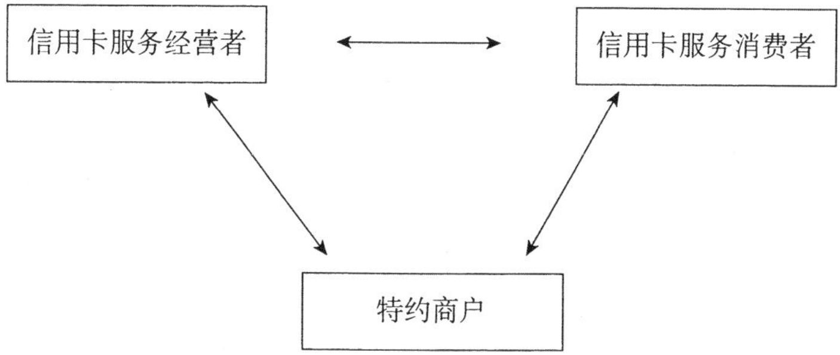

图 1.2　三方法律关系

3. 存在于四方主体之间的四角法律关系。存在于四方主体的信用卡交易法律关系架构相对复杂。该种法律关系结构主要包括：信用卡服务经营者与信用卡服务消费者之间的法律关系、信用卡服务消费者与特约商户之间的法律关系、特约商户与收单服务经营者之间（或特约商户与信用卡服务提供者之间）的法律关系、信用卡服务经营者与收单服务经营者之间的法律关系，即四重法律关系，如图 1.3 所示。在这种模式下，信用卡的功能基本齐全，但是可能在收单银行的范围上有所限制，仅限于与信用卡服务经营者签订委托收单支付协议的某些收单服务经营者。

4. 存在于五方主体之间的五角法律关系。存在于五方法律主体的信用卡交易关系是最复杂的法律关系结构。这一法律关系结构包括：信用卡服务消费者与信用卡服务经营者之间的法律关系、

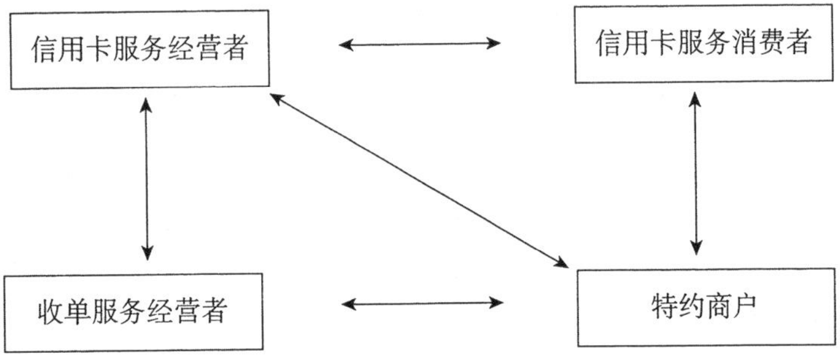

图 1.3　四方法律关系

信用卡服务消费者与特约商户之间的法律关系、特约商户与收单服务经营者之间的法律关系（或特约商户与信用卡服务经营者之间的法律关系）、收单服务经营者与信用卡组织之间的法律关系、信用卡组织与信用卡服务经营者之间的法律关系，如图 1.4 所示。在这种模式下信用卡基本上具备了所有功能，极大地方便了信用卡服务消费者。

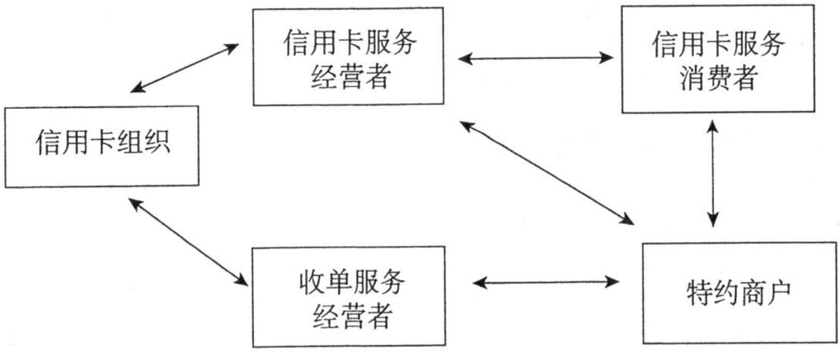

图 1.4　五方法律关系

（二）信用卡服务法律关系的定位

信用卡服务法律关系应当仅指信用卡服务经营者与信用卡服务消费者之间基于信用卡服务合同而建立的民商事法律关系。基于信用卡的使用而与其他主体之间产生的相应法律关系不属于信用卡服务法律关系。主要理由如下：

1. 信用卡服务法律关系限于信用卡服务经营者与消费者之间。根据我国《消费者权益保护法》第 2 条、第 3 条相关规定的内容，消费者接受服务，经营者提供服务。可见服务应当是作为市场主体的经营者向市场上的消费者提供的，即对服务的提供者和服务的接受者有明确的法定要求。那么经营者是作为提供信用卡服务的商业银行，而接受其信用卡服务的应当为市场上的消费者，消费者之外的其他主体因不符合消费者的要求，而不能成为消费者意义上的合同相对人。

2. 信用卡服务消费者与特约商户之间的法律关系不属于信用卡服务法律关系。二者之间是就特定交易形成的法律关系，如买卖合同关系等，不存在如同信用卡服务合同一样的以信用卡为客体指向的权利义务关系。虽然特约商户允许信用卡服务消费者选择使用信用卡支付，但是真正为消费者创造使用条件及提供信用卡使用服务的是信用卡服务的经营者，并非特约商户。所以信用卡服务消费者与特约商户之间的法律关系不属于信用卡服务法律关系。

3. 收单银行与信用卡组织之间、收单银行与信用卡服务经营者之间以及信用卡组织与信用卡服务经营者之间的法律关系不具有信用卡服务法律关系的属性，因而不属于信用卡服务法律关系。

（三）我国信用卡服务经营者的定位

我国的信用卡服务经营者，是指基于信用卡服务法律关系向信用卡服务消费者提供信用卡服务的具备法定条件的商业银行。关于信用卡服务经营者的称谓，不同的专业领域有不同的表述习惯，有的称为发卡人，有的称为发卡机构，亦有的称为发卡银行等。[①] 本书认为，对于提供信用卡服务的经营者，虽然在不同的专业背景下所选择的不同称谓具有一定合理性，能够揭示本专业领域的特殊性，但是在法学专业背景下所选择的概念，应当能够体现法学的特殊性。信用卡服务经营者这一称谓具有较强的法律属性，且属于我国现行法律规定的法定概念。例如，我国《消费者权益保护法》第 3 条对经营者做出了明确的定义，即“经营者为消费者提供其生产、销售的商品或者提供服务，应当遵守本法；本法未作规定的，应当遵守其他有关法律、法规”。可见，以提供特定服务为经营项目的市场主体应当属于法律上的经营者。同时，我国《消费者权益保护法》中多次提到了银行作为经营者在提供服务过程中需要承担的义务以及注意事项。因此，作为信用卡服务提供方的商业银行在法律关系中被称作信用卡服务经营者具有

① 参见杨振东：《信用卡法律理论及适用》，社会科学文献出版社 2012 年版，第 39 页。帅青红、刘国祥编著：《银行卡理论与应用》，西南财经大学出版社 2013 年版，第 87–92 页。

相应的法律依据。本书选择“信用卡服务经营者”这一法定称谓除具有相应的法律依据外，还因为信用卡服务经营者能够体现作为信用卡服务提供者的商业银行所具有的商主体属性，所以本书将提供信用卡服务的商业银行称为信用卡服务经营者。

二、信用卡服务经营者附随义务的概念

信用卡服务经营者附随义务是合同附随义务理论顺应实践不断发展的结果，因此对信用卡服务经营者附随义务的研究离不开对合同附随义务基本理论的探讨，然后在一般附随义务概念的基础上对信用卡服务经营者附随义务的概念做出个性化的界定。“附随义务源自德文‘Nebenpflicht’一词，长年以来无论是理论界还是实务界，对于附随义务的认识尚未形成完全一致的观点”①，但是这种不一致是相对的，即主要体现在关于合同附随义务外延的界定，而关于合同附随义务内涵的认识基本上达成了一致。关于合同附随义务的内涵，理论界一致认为其是按照合同义务的不同来源对合同义务群进行分类所形成的结果，“现代合同法中的合同义务是由约定义务、法定义务和附随义务构成的义务群。这就表明，合同义务的来源多样化，且随着合同关系的发展，处于动态变换过

① 姚志明:《诚信原则与附随义务之研究》，元照出版有限公司2003年版，第51页。

程中"[①]。"债之关系在其发展的过程中，依其情形，尚会发生其他义务，此类义务的发生，以诚实信用原则为依据，虽然得到了通说的肯定与承认，但是关于其名称还没有形成统一的结论。在德国和我国台湾地区均有不同的称谓，如有的称为附从义务，有的称为附随义务。"[②]"在合同关系中，还存在着附随义务，这是在法律规定和当事人约定之外，基于诚实信用原则的要求而产生的义务。"[③]"合同关系在其发展过程中，不仅发生给付义务，还会发生其他义务。如照顾义务、保管义务、保密义务、保护义务等，此类义务称作附随义务，其发生是以诚实信用原则为依据，随着合同关系的发展，逐渐发生的。"[④]我国上述不同学者关于合同附随义务内涵的认识与界定基本是一致的，均认为合同附随义务是以合同义务的来源为标准，在约定义务、法定义务之外，依据诚实信用原则而确定的合同当事人应当承担的合同义务。也就是说，合同附随义务作为一类独立的合同义务，不同于合同当事人约定以及基于法律的明确规定而承担的合同义务，它是依据诚实信用原则这一具有较高道德要求的法律原则而产生的合同义务，这种带有明显而又强烈的道德色彩的合同义务，使其既不同于一般的合

---

① 王利明：《合同法研究》（第一卷）（修订版），中国人民大学出版社 2011 年版，第 390–391 页。

② 王泽鉴：《债法原理》（第一册）（基本理论·债之发生），中国政法大学出版社 2001 年版，第 39–40 页。

③ 许中缘、屈茂辉：《民法总则原理》，中国人民大学出版社 2012 年版，第 304 页。

④ 崔建远：《合同法总论》（上卷）（第二版），中国人民大学出版社 2011 年版，第 239–240 页。

同约定义务，也不同于合同法定义务，成为一类独立的合同义务，即附随义务。

信用卡服务经营者的附随义务作为合同附随义务的一种具体类型，具有合同附随义务的一般性特征，同时又具有自己特定的内容。界定信用卡服务经营者附随义务概念，理解以及把握其特殊性是研究的关键。因此，界定信用卡服务经营者附随义务的概念，应当注意以下几个方面内容的理解和把握：

（一）信用卡服务经营者附随义务的主体专属性

第一，信用卡服务经营者附随义务的主体为信用卡服务经营者，而一般附随义务的主体为合同中的一般义务人，可能是买卖合同的买受人，亦可能是租赁合同的出租人，总之合同附随义务的一般规则不区分合同的类型，更不区分合同的主体，可以适用于任何合同类型的义务人，包括信用卡服务经营者。信用卡服务经营者附随义务仅指商业银行作为信用卡服务经营方的义务人应当承担的附随义务，对于不具备经营信用卡业务的主体以及不是特定信用卡服务经营者的其他商业银行没有规范的效力。

第二，信用卡服务经营者附随义务的主体不包括信用卡服务消费者、信用卡服务合同以外的第三人，信用卡服务消费者、信用卡服务合同当事人以外的第三人不能成为信用卡服务经营者附随义务的义务主体。合同附随义务之所以能够成为合同义务的一个重要理由，就是为了避免合同当事人因为订立合同而遭受损失，所以才要求合同相对人承担约定合同义务、法定合同义务以外的合同义务，其中之一即合同附随义务。[①]然而，如果通过法定的方式要求合同当事人以外的第三人承担合同的附随义务，虽然解决了附随义务产生的基础或者说主体的义务来源问题，但是显然有失公平。虽然我们无法想象让一个对交易毫不知情的人对交易当事人承担必要的法律义务会造成什么样的结果，但是我们可以确定，这样的制度设计和制度安排的不合理是显而易见的。对于合同当事人而言，由于其基于订立和履行合同可以实现一定合同目的，并获得一定利益，所以要求其承担合同附随义务是公平且合理的，而且也只有要求合同当事人承担合同附随义务才是公平合理的。因此，合同附随义务的义务主体必然是，且只能是合同的当事人。

第三，根据《中华人民共和国商业银行法》《银行卡业务管理办法》《商业银行信用卡业务监督管理办法》[②]等法律、法规以及其他规范性法律文件的有关规定，信用卡服务经营者应当为银行业

① 需要说明的是，按照我国民法合同制度及其理论上的合同义务体系，除附随义务外，先合同义务、后合同义务等从给付义务在功能上具有一定交叉与重合，如保护合同相对人免遭损失的功能，所以本书主张附随义务只是具有保护功能的合同义务中的一种。

② 《中华人民共和国商业银行法》第 3 条第 10 项规定：商业银行可以经营或部分经营银行卡业务；《银行卡业务管理办法》第 2 条规定，“本办法所称银行卡，是指由商业银行（含邮政金融机构，下同）向社会发行的具有消费信用、转帐结算、存取现金等全部或部分功能的信用支付工具”；《商业银行信用卡业务监督管理办法》第 20 条第 4 款规定，“外资法人银行申请开办信用卡业务，应当向注册地中国银监会派出机构提出申请，经初审同意后，由注册地中国银监会派出机构上报中国银监会审批”。结合上述规定的内容，我国商业银行、邮政储蓄银行、中国境内的外资法人银行在经过银行业监管机构批准的前提下，可以开展信用卡业务，因而成为信用卡服务经营者。

监督管理机构批准的商业银行、邮政储蓄银行以及在中国境内开办的外资法人银行，除此以外中国人民银行、政策性银行因不能办理信用卡业务，因而不能成为信用卡服务经营者。因此，在具体的信用卡服务合同法律关系中，签订信用卡服务合同并提供信用卡服务的金融机构为附随义务的主体，需要履行信用卡服务经营者的附随义务。

（二）信用卡服务经营者附随义务的性质特定性

信用卡服务经营者附随义务是一种合同义务，即信用卡服务经营者的附随义务是因信用卡服务合同的订立和履行而产生的法律义务。虽然信用卡服务经营者附随义务的产生和具体内容并非合同当事人约定，但是其产生和存在有赖于信用卡服务合同的订立和履行，如果没有信用卡服务合同的订立和履行，信用卡服务经营者不可能承担具有合同义务性质的附随义务，最多承担侵权责任性质的安全保障义务。但是侵权责任性质的安全保障义务与作为合同义务的附随义务有着本质的区别，二者在义务内容的确定方式、义务的履行方式、违反义务的认定规则等方面均有明显的区别。侵权责任性质的保护义务，无法实现合同性质保护义务所具有的一方合同当事人保护另一方合同当事人避免因订立和履行合同而遭受损失的制度功能。信用卡服务经营者与信用卡服务消费者签订信用卡服务合同后，信用卡服务消费者基于合同关系而产生了信赖利益，其相信自己的利益不会因为信用卡服务合同的签订和履行而遭受损失，正因为如此，信用卡服务经营者承担了具有保护信赖利益功能的附随义务，这种义务具有明显的合同义务属性。

（三）信用卡服务经营者附随义务内容的道德性

合同义务的一个基本分类就是按照其内容的确定依据分为约定义务、法定义务。但是随着民法合同制度及其理论与实践的发展，特别是关系契约理论的提出与实践，在法定义务、约定义务之外，当事人的义务偶尔甚至逐渐经常需要结合合同外的因素才能最终得到确定，其中道德标准、交易习惯等因素开始渐渐地成为确定合同义务的重要参考因素。在这样的历史背景下，很多合同义务的内容不再仅仅依当事人的约定或法律的直接规定而确定，而是需要根据合同外的因素来进行确定。因此，合同义务的分类也相应地有了新的变化，即在约定义务、法定义务之外产生了第三类义务，合同的附随义务就是这类义务中的典型代表，其不是基于当事人的约定而确定，也不是基于法律的明确规定而确定，而是基于诚实信用原则、合同的内容等因素来确定。当合同附随义务与个性化的合同类型相结合后，又衍生出了更具个性化的附随义务，信用卡服务经营者附随义务就是其一。

随着信用卡服务业务的快速发展，其市场占有率快速提高，参与的人数也越来越多，但是信用卡服务消费者在申请、使用、终止信用卡服务的过程中经常会因为各种无法预料的原因而导致自己的权益遭受侵害。这些侵害在一定程度上是因为信用卡服务消费者的个人能力不足以控制相关损害的发生而引起的，信用卡服务经营者的弱势地位破坏了信用卡服务法律关系当事人之间的平衡，因此，在双方当事人之间坚持形式平等被认为是不公平的。而信用卡服务经营者基于其技术优势、人员优势、业务资源的优势，能够通过一定作为或不作为来避免信用卡服务消费者相关利益损失的发生。所以，为了有效维护信用卡服务消费者的合同利益，法律要求信用卡服务经营者在约定义务、法定义务之外，依诚信原则的要求来承担更多的合同义务，这些义务就是信用卡服务经营者的附随义务。

（四）信用卡服务经营者附随义务的内容需要根据特定因素确定

首先，信用卡服务合同当事人订立、履行以及终止信用卡服务合同的目的就是借助银行卡媒介进行服务的提供与接受。银行卡媒介作用的发挥得益于其自身所具有的便捷性，不同的功能具有不同的服务内容，因此以提高服务质量为终极目的的信用卡服务经营者的附随义务必然需要根据信用卡的功能来确定其具体内容。其次，信用卡备受青睐的另一个原因为其多样化的服务实现方式，如柜面直接提供、手机终端自助服务、ATM 自助服务等。不同的服务方式具有不同的操作流程，因而义务人的具体义务内容亦有所不同，所以在确定信用卡服务经营者附随义务的具体内容时，需要结合服务的具体实现方式进行。根据信用卡的功能、信用卡功能的实现方式确定的信用卡服务经营者附随义务，是对一般附随义务的具体化，对于信用卡服务经营者而言更具有针对性。

综上所述，本书认为信用卡服务经营者附随义务的概念可以界定为：信用卡服务经营者在信用卡服务消费者申请、使用以及注销信用卡服务的各个阶段，遵循诚实信用原则，根据信用卡的功能及其实现方式等因素所应负的以保护、通知、保密等为主要义务类型的合同义务。

第二节　信用卡服务经营者附随义务特殊性的分析

信用卡服务经营者附随义务的特殊性，是指其相对于一般的合同附随义务所具有独特之处。信用卡服务经营者附随义务的特殊性是深刻认识和准确把握信用卡服务经营者附随义务的关键，正是特殊性决定了在一般附随义务的基础上对其进行进一步专题研究的必要性。信用卡服务经营者附随义务是诸多附随义务种类中的一种具体类别，因此必然具备一般附随义务的共同特点。

信用卡经营者附随义务作为一般附随义务在信用卡服务领域的具体体现，自然表现出附随义务所具有的普遍特点。详言之：

第一，附随义务具有生成的法定性和适用的强制性。合同附随义务基于法律规定而确立了其独立的法律地位，即其生成的法定性是其首要特征。“附随义务的产生直接来自于法律的规定”，“附随义务的产生不是依合同当事人在合意中直接表达的内容，而是依法律的有关直接规定而产生”。[①]它不以当事人之间关于权利、义务内容的约定来确定，当事人之间关于权利义务内容的约定只是最终确定附随义务内容的重要参考因素。“附随义务是依法产生的，属于法定义务的范围。它是一种强行性的义务，不能通过当事人的约定而排除。”[②]对合同当事人而言，附随义务不因合同当事人在缔约时没有约定而不予适用，它是法律为了保护处于弱势地位的合同缔约人而通过法律的明确规定，借助法律的强制性干预进而采取的一种利益衡量措施，有利于恢复在具体的交易过程中由于缔约及履行合同能力不平等而产生的失衡利益关系。

第二，附随义务的从属性。“附随义务从属于主给付义务，不能离开主给付义务而单独存在。相对于主给付义务而言，附随义务只是附随的。”[③]合同附随义务的产生与存在是以主给付义务的产生和存在为基础的。合同附随义务的一个重要制度功能在于最大限度促进和增强主给付义务的履行效果，所以没有主给付义务便无所谓主给付利益，也就没有附随义务存在的必要。“与履行相关的附随义务（即从给付义务）服务于对主给付义务的准备、支持、保障和完满履行（实现），对主给付义务加以补充，但自身并无独

① 费安玲：《论合同法中的附随义务》，载于《当代司法》1999 年第 9 期，第 27 页。

② 王利明：《合同法研究》（第二卷）（修订版），中国人民大学出版社 2011 年版，第 17 页。

③ 王利明：《合同法研究》（第二卷）（修订版），中国人民大学出版社 2011 年版，第 16 页。

立意义。”[①]我国著名民法学家王利明教授在阐述附随义务定义的时候也表明，“由于此种义务是附随于主给付义务的，因此，称为附随义务”[②]。还有，附随义务的从属性还体现在功能的辅助性上，单纯通过履行附随义务不能使合同目的得以实现，其功能在于弥补主给付义务的不足，使权利人的权利最终得以全面且最大限度的实现，并最终实现合同的目的，其功能主要体现在最大化上。

第三，附随义务性质的可转换性。附随义务性质的可转换性，指主给付义务与附随义务之间的性质是可以相互转换的。如交易双方当事人存在长期交易往来，随着交易往来的增多，双方按照最大限度实现合同目的的需要而履行一些通知、协助等义务，且这些义务的履行增强了合同给付义务的履行效果，增加了合同当事人的履行利益，在此基础上双方均认为有必要将原本属于附随义务的内容写入合同中，那么合同的附随义务便转换为合同给付义务，这符合合同法中意思自治的原理和精神。

第四，附随义务内容的相对不确定性。“附随义务的内容不是通过当事人在合同中实现确定的，也不是在合同成立时起便已经确定的，而是随着合同关系的发展而不断变化的”[③]，即合同附随义务的内容是不确定的，但是这种不确定是相对的。主给付义务基于当事人之间的明确约定而形成，且决定合同的类型和性质，附

① 李昊：《德国新债法中附随义务的构造》，载于《环球法律评论》2009 年第 5 期，第 114 页。

② 王利明：《合同法研究》（第一卷），中国人民大学出版社 2002 年版，第 366 页。

③ 王利明：《合同法研究》（第一卷），中国人民大学出版社 2002 年版，第 369 页。

随义务则不同，其内容的确定需要按照诚实信用原则的要求，结合合同类型、性质、目的、主给付义务的内容才能得以最终确定，所以附随义务具有内容相对不确定的特点。但是附随义务的内容呈现相对不确定性，即并非不能确定，而是能够确定，且一旦确定即明确。虽然需要结合合同的类型、性质、内容、交易习惯等因素予以确定，但是其内容是可以确定的，并非不可知、不能确定，能够借助法律的解释而最终得以确定。如果一项合同义务总是无法确定，那么就不能成为法律义务而被人们遵守。

信用卡服务经营者附随义务具有自身鲜明的特殊性，这些特殊性是其他类型的附随义务所不具备的，由此也成为信用卡服务经营者附随义务区别于其他附随义务的重要判断标准。为了准确把握和理解信用卡服务经营者附随义务，有必要对其所具有的鲜明特殊之处进行归纳与总结。因此，本节结合信用卡的业务规定并考察信用卡的相关业务实践，总结了信用卡服务经营者附随义务的特殊性。主要包括以下几个方面：

一、信用卡服务经营者附随义务主体的特定性

根据《商业银行信用卡业务监督管理办法》第 8 条规定，“本办法所称信用卡业务，是指商业银行利用具有授信额度和透支功能的银行卡提供的银行服务”。随后，该办法第三章第 17 条至第 33 条用了 17 个条文就办理信用卡业务的商业银行应当具备的市场准入条件做出了详细的规定。这些规定覆盖了开办信用卡业

务的商业银行应当具备的从业条件：①公司治理状况符合监管指标的要求，具体包括主要审慎监管指标符合中国银监会的有关规定、具备相应的组织机构和规章制度、内部控制等问责机制健全有效；②公司信誉良好，具有完善有效的内控机制和案件防控体系，最近3年内没有重大违法违规行为及重大案件；③在一般从业人员、高级管理人员以及相应的董事等方面符合监管规则的要求；④经营场所符合要求；⑤业务系统、技术能力符合要求；⑥外汇业务资格符合要求；⑦其他审慎性的条件。此外，还就特定的发卡业务、收单业务以及业务办理等规定了专门性的从业条件和要求[①]。

根据上述规定，对于开办信用卡业务的主体而言具有严格的法定限制条件，法定限制条件决定了只有法律法规明确规定的主体，在符合法定条件的前提下才能开办信用卡业务。信用卡服务经营者基于开办和提供信用卡服务，有机会加入到信用卡服务法律关系中，成为信用卡服务经营者。换句话说，只有具备成为信用卡服务法律关系主体的法定条件才能成为信用卡服务经营者，才能有机会成为信用卡服务附随义务的承担者。因此，信用卡服务经营者附随义务具有义务主体的特定性。信用卡服务经营者附随义务主体的特定性的独特之处，在与其他合同附随义务的比较中体现得非常明显。如在买卖合同中，由于法律对买卖合同的主

① 参见《商业银行信用卡业务监督管理办法》[中国银行业监督管理委员会令2011年第2号]第8条、第17条至第33条之规定。

体没有在《民法典》关于民事主体基本规定的基础上做出明确的、额外的限制性规定，因此只要具备民事行为能力的自然人、法人以及其他组织均可以订立买卖合同，因而均可以成为买卖合同附随义务的主体。

把握信用卡服务经营者附随义务主体的特定性，可以为我们判断一项附随义务是否属于信用卡服务经营者的附随义务提供相应的参考标准。对于一项不具备《商业银行信用卡业务监督管理办法》规定条件的民事主体承担和履行的附随义务，我们可以明确将其排除在信用卡服务经营者附随义务规则之外。

二、信用卡服务经营者附随义务内容的专业性

信用卡服务经营者附随义务内容的专业性，是指信用卡服务经营者附随义务的具体内容体现了较强的知识性。对于合同一般附随义务而言，其内容在遵循诚信原则的要求下，结合合同的目的、交易习惯等因素进行确定，在一般买卖合同中，合同的目的、交易习惯是在长期的交易实践中形成的，具有较强经验色彩，因而具有一定经验性。但是，信用卡服务经营者附随义务则不然。信用卡服务经营者附随义务内容的专业性是由其所属的业务领域所决定的。信用卡服务是金融创新的结果，是一种具体的金融活动，因此承袭、体现了金融业务的特殊性。金融服务业不同于其他生活服务业的突出特点在于它的知识性，即金融服务产品从产品模式、产品构造等方面都是体现了丰富的金融知识。信用卡服务在

很大程度上也体现了其较强的专业性，这种专业性在很多情况下通过信用卡服务经营者承担的附随义务表现出来。如关于信用卡风险的通知义务，就是以信用卡申请、使用以及注销过程中所具有的高风险因素为告知内容的。由于高风险因素需要由具备较强的专业知识背景的人来判断，因此可以说风险因素本身就是一种知识。所以，信用卡服务经营者附随义务内容具有较强的专业性，是专业知识和生活经验的综合体现。

信用卡服务经营者附随义务内容所体现的专业性的特点，决定信用卡服务经营者不仅一定要履行相应的附随义务，而且一定要按照较高的要求来履行。特定的专业知识以及相应的专业技巧不是每一个人都能够掌握的，特别是在信用卡服务合同领域。信用卡服务消费者之所以选择使用信用卡，就是因为相信信用卡服务经营者可以为自己安全使用信用卡服务提供全部辅助性的服务。如果信用卡服务经营者明确表示或者拒绝履行具有辅助功能的附随义务，那么信用卡服务消费者将不会选择申请、使用信用卡。因为信用卡是金融创新的产物，没有一定专业知识背景就无法对其实现全面掌握，所以必然要求具有知识优势的一方承担更多的义务，以实现双方当事人利益的平衡，维护信用卡交易的公平。

三、信用卡服务经营者附随义务履行的技术依附性

信用卡服务经营者附随义务履行的技术依附性，是指信用卡服务经营者履行附随义务需要借助于一定技术手段。法律不能强

人所难，否则其权威性就无法确立。对此，我们通过几个例子可以生动说明。如信用卡服务消费者的卡片失窃，窃取卡片的人在信用卡服务经营者安装的ATM机取走了款项，后窃取卡片人被找到，信用卡服务消费者将其诉至法庭。在审理阶段，法庭要求信用卡服务消费者提供证据证明款项确实为窃取卡片的人所取走。此时，信用卡服务消费者为了证明自己的主张成立，应当提交能够证明窃取人曾经在取款机取款的证据。此时，按照信用卡服务经营者附随义务的要求，其应当按照保护信用卡服务消费者利益的要求承担协助提供相关证据的义务，如提供盗取人当时取款的录像记录等影像资料。提供影像资料需要技术支持，如果没有技术可能性，也无法完全履行这种义务。该例子生动地表明了信用卡服务经营者附随义务具有较强的技术依附性。又如，按照商业银行信用卡业务习惯，很多商业银行为了吸引和增加客户群，通过加开增值服务来提高服务质量。其中加开的增值服务多数具有附随义务的性质，如卡片发生交易时的及时提醒功能。而卡片发生交易时的及时提醒功能需要相应的短信发送平台予以实现，如此一来，信用卡服务经营者附随义务的履行对短信发送平台就产生了依赖。如果没有这种技术，虽然可以更换其他方式来实现，但是实现的效果可能会有很大的差别。相反，在买卖合同场合，出卖人按照诚实信用原则，告知买受人如何使用标的物可以延长标的物的使用寿命或增强使用效果，该告知义务为出卖人的附随义务，该义务的履行不需要出卖人依赖于一定技术条件即可完成。由此，基于对业务实践经验的观察和总结，信用卡服务经营者附随义务具有较强的技术依附性。

四、信用卡服务经营者附随义务对财产及信息安全的侧重性

合同附随义务在不同类型的合同中具有不同的精神内核。例如在医疗合同中，医疗者负有一定附随义务，“医疗者的附随义务主要包括：继续治疗义务和保护病人安全义务、疗养指导的说明义务、保守病人隐私的义务”[①]。上述义务有各自的侧重点，这些侧重点是医疗者基于医疗服务合同承担的附随义务所特有的，区别于一般的附随义务，但从我国《民法典》合同编关于合同附随义务的规定中，很难看出医疗者附随义务的侧重点。对于信用卡服务经营者附随义务也一样，信用卡服务经营者基于信用卡服务合同承担的附随义务侧重于对信用卡服务消费者财产和信息安全的保护，这是由信用卡业务的特殊性决定的。其一，关于财产安全，存款、取款、转账汇款、授信消费等是信用卡的基本功能，作为承载上述功能的电子支付工具，信用卡能够有效支配信用卡服务消费者在卡内的资金等财产，信用卡服务经营者在提供服务的过程中应当尽最大限度的努力避免存款资金遭受损失。基于此，在主给付义务、从给付义务以及不真正义务以外应当确定其承担的附随义务，这体现了信用卡服务经营者附随义务侧重于财产安全。其二，关于信息安全，“信用卡从外形上看，它是发卡人向持卡人

① 侯国跃:《契约附随义务研究》，西南政法大学2006年博士学位论文，第60页。

发放的一种特制的塑料卡片，正面印有发卡机构的名称、标识及卡号、持卡人姓名、有效期限等，卡片的背面则有保存信息的磁条，签名条及其他相关信息”①，“无论是何种卡片，银行卡的重要的物理功能在于保存持卡人以及持卡人的账户等信息的载体”②。信用卡服务经营者在为信用卡服务消费者办理信用卡申请、使用的过程中，必然要获得并进一步掌握信用卡服务消费者的很多信息，而这些信息具有很强的私人性，除非信息所有人自己或授权他人可以提供给第三人外，信用卡服务经营者应当为信用卡服务消费者保守秘密，即将具有私人属性的信息始终保持在安全的私密状态。信用卡服务经营者附随义务的部分义务类型就是由此决定的。因此，信用卡服务经营者附随义务对财产和信息安全的侧重，也是其区别于一般的附随义务以及其他合同附随义务的特殊表现，即特殊性。

第三节　信用卡服务经营者附随义务的功能

信用卡服务经营者附随义务的产生绝不是理论发展的自我欣赏，而是对在长期的生活实践中积累的有益经验的立法回应。实践证明，信用卡服务经营者附随义务在保护信用卡服务消费者合

① 侯春雷:《信用卡交易的民法分析》，法律出版社 2010 年版，第 1 页。

② 侯春雷:《银行卡民事纠纷法律适用》，人民法院出版社 2013 年版，第 2 页。

同权利方面具有不可替代的功能，而且信用卡服务经营者附随义务功能的发挥，是实现《民法典》合同制度规范信用卡服务交易秩序、调整信用卡服务交易关系的制度目的的重要手段。如果没有信用卡服务经营者附随义务功能的发挥，势必会影响信用卡服务经营者合同义务的履行效果，并最终影响《民法典》合同制度对信用卡服务法律关系的规范和调整效果。信用卡服务经营者附随义务的功能突出体现在如下几个方面：增强诚实信用原则在信用卡服务领域的贯彻实施，弥补信用卡服务合同条款的局限性，强化信用卡服务经营者合同义务的履行效果，周延保护信用卡服务消费者的合法权益。本节将就上述问题展开详细的讨论。

一、增强诚实信用原则在信用卡服务领域的贯彻实施

“诚实信用原则，在当下已经不是债权法所特有的原则，而是支配所有私法关系的理念。”[①]在大陆法系国家，作为整个私法的基本理念，诚实信用原则的具体要求必然贯穿于合同的制定、履行、终止乃至终止之后的各个阶段。[②]虽然诚实信用原则伴随民法制度的产生而出现，但是随着社会的进步与发展，诚实信用原则的内容也在不断更新。诚实信用原则内容的更新与发展客观上引起了

① ［日］我妻荣：《我妻荣民法讲义 · 债权各论》（上卷），徐慧译，中国法制出版社 2008 年版，第 30 页。

② 在英国法上，诚实信用原则并没有明确承认该原则；而在美国法上，诚实信用原则只是适用于合同履行阶段。See Ewan McKendrick, *Contract Law: Text, Cases and Materials(The Third Edition)*, Oxford University Press, 2008, p.500.

合同法具体制度设计的更新与发展，特别是直接体现诚实信用原则的具体制度，合同附随义务制度是其最为典型的例子。考察合同附随义务产生的历史，可以肯定合同附随义务正是诚实信用原则在合同法理论中发展的直接体现。作为世界上第一个明确引入合同附随义务制度的德国民法典，一个重要的内在动力就是在德国民法典中写入了诚实信用原则。“德国法院也正是运用诚实信用原则，形成了大量关于附随义务的典型判例。”[1]因此，随着诚实信用原则内涵的丰富，合同义务制度的内容也随之不断丰富，体现之一便是义务人承担的附随义务的内容不断丰富、履行规则不断完善，义务人违反附随义务的法律后果更加健全。因此在这一意义上，我们可以说诚实信用原则是合同附随义务产生的重要动力，而合同附随义务的发展与完善是合同法对诚实信用原则的深入贯彻与具体实施。

道德要求的法律化既是现代法律发展趋势的客观要求，也是对现代法律发展趋势的客观描述。在这种趋势下制定的法律具有一个普遍的特点，即在法律中规定了能够体现更高道德水平要求的法律义务。特别是在《民法典》合同制度领域，这种道德要求法律化的趋势体现得非常明显。合同的附随义务是诚实信用原则在《民法典》合同制度中的具体体现，而现代合同法对诚实信用原则的突出与强调，正是道德要求法律化的集中体现。在这一背景下，

---

① 宋建文:《储蓄存款合同中的附随义务及责任》，载于《人民司法·应用》2009 年第 3 期，第 72 页。

与特定职业相结合的职业道德开始引起人们的注意，特别是在服务业领域，客户往往需要服务经营者应该充分尽到职业使命、具有较高的职业道德、具备较高的职业操守。金融服务消费者对于金融服务机构在这方面的要求最为突出。因为，如果为其提供服务的金融服务人员没有良好的职业操守和职业道德，容易导致金融服务消费者遭受巨大的经济损失。作为与日常生活联系最紧密的服务行业之一，提供信用卡服务的经营机构及其具体的从业人员应当具备较高的职业操守和道德底线。体现这一要求的具体法律规定信用卡服务提供者附随义务责无旁贷，这在客观上成就了信用卡服务经营者附随义务的独特功能，是信用卡服务经营者其他义务所不能胜任的。因此，信用卡服务经营者附随义务具有增强诚实信用原则在信用卡服务领域的贯彻实施的功能。

二、弥补信用卡服务合同条款的局限性

合同条款是合同当事人用来表述双方权利、义务内容的主要手段，也是确定合同当事人权利、义务的重要依据。但是在信用卡服务合同订立及履行的过程中，因语言文字与生俱来的“词不达意”的局限性、当事人订立合同时对客观情况判断能力的局限性、市场的客观环境具有多变性等因素，合同条款的局限性便开始显露，按照《民法典》合同制度的基本原则对当事人的权利、义务进行解释就成为准确界定合同当事人权利、义务以及有效解决合同争议的必要手段。尤其是在信用卡服务合同法律关系中，由

于合同条款过于专业和细致，赋予信用卡服务经营者必要的附随义务是维护合同正义、实现合同公平、保护信用卡服务消费者合法权益的必然要求。为此，合同法有必要通过法定的方式，对无法写入信用卡服务合同的内容予以规定，对信用卡服务经营者规定必要的法定附随义务，最大限度地实现对信用卡服务消费者利益的保护，最终保护人权。① 如信用卡服务经营者对合同条款的通知、说明义务等附随义务，条款的解释往往需要根据法律规定的精神实质和基本原则展开，并产生出新的解释结果。信用卡服务经营者附随义务就是基于新的解释方法进行合同解释的结果，最终产生了包括保护义务、通知义务以及保密义务在内的信用卡服务经营者附随义务。因此，我们既可以说信用卡服务合同约定条款的局限性有力地推动了信用卡服务经营者附随义务的产生，亦可以说信用卡服务经营者附随义务具有弥补信用卡服务合同条款局限性的功能。

三、强化信用卡服务经营者合同义务的履行效果

"合同履行是债权得以实现的前提，也是建立信用经济的基础，只有合同得到履行，才能形成良好的市场经济秩序。合同法的重要功能就是保障当事人依法订立的合同能够得到切实的履行。

---

① Iris Benohr and Hans-W. Micklitz, "Consumer protection and human rights" , in Geraint Howells, Iain Ramsay, Thomas Wilhelmsson, David Kraft(edited by), *Handbook of Research on International Consumer Law*, Edward Elgar, 2010, pp.19–21.

为此，合同法规定合同履行制度，就是为了规范和指引合同债务得以正常履行，合同债权得到圆满实现。”[①]可见，相对于合同当事人订立合同所追求的特定目的，合同义务的履行只是手段，交易关系的当事人正是通过合同义务的履行才使特定的交易目的得以实现。合同当事人为了最大限度地实现交易目的，应当按照诚实守信的原则来履行相应的合同义务。附随义务正是诚实守信原则作用于合同义务的直接体现，在这一意义上，“附随义务的目的在于详细说明合同当事人必须怎样履行合同”[②]，进而强化合同义务的履行效果。

信用卡服务经营者附随义务的独特功能在于有效增强了信用卡服务经营者合同义务的履行效果。首先，信用卡服务经营者附随义务围绕强化主给付义务的履行效果而产生。信用卡服务经营者在提供信用卡服务的过程中，是否需要履行附随义务以及附随义务的具体实现形式，均以增强主给付义务的履行效果为基础，实践中信用卡服务经营者附随义务的履行程度在一定层面上影响着信用卡服务的质量。随着生活品质的不断提高，人们越来越重视服务的品质，因此对于信用卡服务经营者附随义务的要求也就越来越高。这也说明了信用卡服务经营者附随义务具有增强信用卡

---

① 王利明:《合同法研究》(第二卷)(修订版)，中国人民大学出版社 2011 年版，第 3–4 页。

② 郑强:《合同法诚实信用原则比较研究》，载于《比较法研究》2000 年第 1 期，第 45 页，转引自侯国跃:《契约附随义务研究》，西南政法大学 2006 年博士学位论文，第 139 页。

服务合同履行效果的功能。其次，信用卡服务经营者附随义务具体类型内容的确定，也以增强主给付义务的履行效果为重要衡量因素。信用卡服务经营者在提供信用卡服务的过程中，承担哪些附随义务、按照什么方式履行附随义务，均需要结合信用卡服务经营者的主要义务来确定，这一方面说明了信用卡服务经营者附随义务的存在使命在于提高信用卡服务经营者主给付义务的履行效果；另一方面也说明了信用卡服务经营者附随义务的履行，在客观上能够起到增强信用卡服务经营者合同义务履行效果的作用。因此，从信用卡服务经营者附随义务具体内容的确定来说，其具有增强信用卡服务合同履行效果的功能。总之，无论从信用卡服务经营者附随义务的产生看，还是从其具体内容的确定看，信用卡服务经营者附随义务都是为了实现增强主给付义务的履行效果，进而增强信用卡服务合同的履行效果，并最终提高信用卡服务的质量。因此，本书认为科学构建的信用卡服务经营者附随义务规则具有强化信用卡服务经营者合同义务履行效果的功能。

四、周延保护信用卡服务消费者的合法权益

信用卡服务经营者附随义务不同于信用卡服务合同其他义务的重要一点为其具体内容的确定规则，即根据法律的规定，按照诚实信用原则的要求，结合合同的性质、目的、交易习惯等，确定信用卡服务经营者附随义务的具体内容。信用卡服务经营者附随义务生成的法定性是其承袭合同附随义务固有特点的结果。“附

随义务的产生直接来自法律的规定”，“附随义务的产生不是依合同当事人在合意中直接表达的内容，而是依法律的有关直接规定而产生”。[①]信用卡服务经营者附随义务作为合同附随义务与特定类型合同法律关系结合的产物，同样是基于合同法的强制性规定而产生，不以当事人之间关于权利、义务内容的约定来确定，当事人之间关于权利、义务内容的约定只是最终确定附随义务内容的重要参考因素。在深层背景下，这些权利、义务的内容在很大程度上取决于法律的价值判断——在信用卡服务领域，对消费者的保护特别重要。[②]围绕这一价值判断来确定信用卡服务经营者附随义务的内容。这一规则的优势体现为通过结合个案中的特定因素确定义务内容，结合实际需要全面确定信用卡服务经营者的义务，最大限度地实现对消费者合同权益的维护。按照这一规则确定的信用卡服务经营者附随义务，可以使其负担所有的义务类型，如果其没有履行相应的义务，消费者可以据此请求债务人履行相应的义务。因此，信用卡服务经营者附随义务具有全面、周延保护权利人合法权益的功能，且正是这一功能有效地保证了信用卡服务经营者附随义务制度目的的实现。

信用卡服务经营者为了提高日常的交易效率，在办理信用卡业务的过程中大量运用事先拟定好的格式合同。虽然格式合同提

---

① 费安玲:《论合同法中的附随义务》，载于《当代司法》1999 年第 9 期，第 27 页。

② Hans-W Michlitz, Jules Stuyck and Evelyne Terryn, *Cases, Materials and Text on Consumer Law*, Hart Publishing, 2010, p.288.

高了办理具体业务的效率，但是信用卡服务格式合同因为其事先已经被拟定，且金融服务消费者没有与金融机构进一步谈判的空间和可能，而信用卡服务合同作为消费者交易的一种主要类型，是市场力量和消费者心理学的互动结果的产品。[①]因此，合同条款经常出现减轻金融服务机构责任，加重金融服务消费者义务的情形，使当事人的合意受到了实质性阻碍，[②]严重损害了合同正义。为了有效保护信用卡服务消费者的合法权益，更好发挥合同法规范交易秩序的功能，信用卡服务经营者附随义务制度开始得到重视，并在实践中发挥了举足轻重的作用。“附随义务扩大了对当事人权利的保护，反映了法律对当事人利益保护的日益周密和细致。与契约自由原则的约定义务不同，附随义务以诚实信用原则为基础，旨在衡平合同当事人之间及当事人与社会之间的利益关系，实现实质正义。”[③]通过信用卡服务经营者附随义务的强制适用，有效地弥补了因格式合同缔结过程中双方当事人缔约能力不平等而导致的权利、义务不对等的缺陷。要求处于格式合同制定方的信用卡服务经营者在履行合同过程中充分履行通知、保密、保护等合同附随义务，以保障信用卡服务消费者最大限度地实现给付利

---

① Oren Bar-Gill, “Consumer Transactions” , in Eyal Zamir and Doron Teichman(edited by), *Behavioral Economics and the Law*, Oxford University Press, 2014, p.466.

② Margaret Jane Radin, *Boilerplate: The Fine Print, Vanishing Rights, and the Rule of Law*, Princeton University Press, 2012.

③ 宋建文:《储蓄存款合同中的附随义务及责任》，载于《人民司法·应用》2009 年第 3 期，第 73 页。

益。因此，信用卡服务经营者的附随义务再一次发挥了其周延保护信用卡服务消费者合法权益的功能。

第四节　信用卡服务经营者附随义务的类型构成

“当抽象——一般概念及其逻辑体系不足以掌握某生活现象或意义脉络的多样表现形态时，大家首先会想到的补助思考形式是‘类型’。”[①]借助于类型化的思考形式，人们可以深化对概念的认识，这样一来，“如何使之类型化，建立理论体系，逐渐成为今日民法学上最重要之问题”[②]。信用卡服务经营者附随义务是信用卡服务经营者在合同履行的实践中所承担的多种具体合同义务的集合体。这些具体合同义务具有非典型性的特点，无法在合同订立之初确定并明确约定，往往因时、因地而异，因此“其类型难以全部概括”[③]。本书作者试图以信用卡服务经营者附随义务为关键词，通过中国裁判文书网，对2013年1月1日至2015年9月20日间发生的案件进行搜索、梳理，通过对梳理结果的比较与观察，发

① ［德］卡尔·拉伦茨:《法学方法论》，陈爱娥译，商务印书馆2003年版，第337页。

② 刘承武:《论契约上附随义务基本理论体系之建立》，中国文化大学法律学研究所1990年硕士论文，第56页，转引自侯国跃:《契约附随义务研究》，西南政法大学2006年博士学位论文，第159页。

③ 姚志明:《债务不履行——不完全给付之研究》，中国政法大学出版社2003年版，第74页。

现与信用卡服务经营者附随义务相关的案件涉及如下具体义务的违反，如表 1.1 所示：

表 1.1　2013—2015 年信用卡经营者违反附随义务的案件(单位：件)[①]

类型	2013 年	2014 年	2015 年	合计
通知	2332	9619	642	12593
协助	36	263	78	377
保密	31	182	42	255
提醒	28	52	24	104
注意	99	371	108	578
保障	62	222	83	367
保护	572	1877	721	3170
说明	299	1421	313	2033

虽然梳理结果显示的义务类型多种多样，但是借助立法技术的完善，完全可以通过合并同类项将其简化，如通知、提醒与说明等义务可以统一在通知义务概念之下，协助、保障可以统一在保护义务概念之下。由此，笔者坚信对信用卡服务经营者附随义务进行类型化进而实现体系化并非完全不可能实现，核心的问题在于参照系的选择。虽然不一定存在绝对参照系，但可以退而求其次地选择一个相对参照系，通过选择相对参照系实现信用卡服务经营者附随义务的相对类型化，进而确定一个相对的逻辑体系。本节着重围绕信用卡服务经营者附随义务类型构成的依据、信用

① 笔者通过中国裁判文书网，以信用卡服务经营者附随义务为关键词进行检索形成本表。其中 2015 年的案件数量截至 2015 年 9 月 20 日。

卡服务经营者附随义务的类型构成及其内部关系、信用卡服务经营者附随义务类型构成的作用展开研究。通过对上述问题的研究，明确信用卡服务经营者附随义务的类型构成，进一步深入、细致地揭示信用卡服务经营者附随义务的内在规律。

一、信用卡服务经营者附随义务类型构成的依据

信用卡服务经营者附随义务类型构成的依据，是指能够作为对信用卡服务经营者附随义务进行分类时所参考的标准等。科学的标准不仅有助于准确地确定信用卡服务经营者附随义务的类型构成，也有利于构建其内在的逻辑体系和基本范畴。因此，在对信用卡服务经营者附随义务展开研究之初，探索和确立其类型构成的依据具有重要的理论支撑意义。

（一）信用卡服务经营者附随义务类型构成依据的相对性

“附随义务主要是依据诚信原则而产生的义务。在各种合同关系中，随着合同关系的变化，附随义务将表现为忠实、协助、协力、保密、照顾等各项义务。”[①]“附随义务，归根结底是法律对当事人的某种拘束。此处之‘某种’，即指附随义务之形态。”[②]附随义务

---

① 王利明:《合同法研究》(第二卷)(修订版)，中国人民大学出版社 2011 年版，第 32 页。

② 侯国跃:《契约附随义务研究》，西南政法大学 2006 年博士学位论文，第 160 页。

多种表现形态的客观现状与学界关于附随义务为“某种”约束的主观认识，表明了探索附随义务类型构成过程中的问题所在。就一般意义上的合同附随义务而言，其突出的特点之一为内容具有相对的不确定性。附随义务的内容不是自始确定的，需要在合同履行的各个阶段，根据合同的目的、性质、相关交易习惯，遵循诚信原则的要求“因地制宜”“因案而异”，所以在不同的合同法律关系中，附随义务会以不同的形态呈现。因此对于“变幻莫测”的附随义务进行分类就成为理论和实践中的一个难题，这一点即使是在附随义务诞生地的德国民法理论中也有所体现。[①] 但是难题的存在正是我们进行研究和探索的价值所在。本书认为构建一般的合同附随义务类型结构之所以是一个巨大的难题，其原因之一在于合同种类繁多，且不同类型的合同具有不同的特点，很难将所有类型的合同所涉及的附随义务进行完全归纳。但是，我们可以改变一下思路，以特定类型的合同为突破口，分别归纳特定类型的合同当事人附随义务的类型构成，然后在此基础上再进一步抽象，可能会有利于一般合同附随义务类型构成的研究。由于本书恰好以信用卡服务经营者附随义务为研究对象，所以本书试图先从信用卡服务经营者附随义务的类型构成出发。

真理的相对性决定了标准也是相对的。信用卡服务经营者附随义务类型构成依据的相对性，是指在研究和确定类型构成的过

---

① 参见姚志明:《诚信原则与附随义务之研究》，元照出版有限公司 2003 年版，第 65 页。

程中，由于认识角度和类型化目的的不同，类型构成所依据的标准可能会不同，即没有绝对永恒的标准。正是类型构成所依据的标准的相对性，在客观上形成了多种多样的类型构成结论。

第一，按照行为方式的标准，可以将信用卡服务经营者的附随义务分为作为的信用卡服务经营者附随义务与不作为的信用卡服务经营者附随义务。如，将信用卡交易信息及时通知给信用卡服务消费者即为以作为的方式履行附随义务；不对外公开信用卡服务消费者信用卡交易信息即为以不作为的方式履行附随义务。

第二，按照信用卡服务经营者附随义务所具有的功能的标准，可以将信用卡服务经营者附随义务分为促进型信用卡服务经营者附随义务与维护型信用卡服务经营者服务义务。前者以提高信用卡服务质量为主要功能和存在价值，如为信用卡服务消费者提供信用卡交易情况明细，有利于信用卡服务消费者掌握自己的消费过程，进而提高了信用卡服务消费者对信用卡服务的体验；而后者以维护信用卡服务消费者的人身、财产权益为目的，避免因信用卡服务的使用而遭受损害为主要功能。如信用卡服务经营者在ATM机安装识别伪造卡片的装置，并安装没收伪造卡片的程序等即为维护型附随义务。

第三，按照义务客体的不同，可以将信用卡服务经营者附随义务分为财产型信用卡服务经营者附随义务与信息型信用卡服务经营者附随义务。财产型信用卡服务经营者附随义务是以财产为客体指向的附随义务，如保障卡内资金财产安全、保障卡内资金正常流动而产生的附随义务；信息型信用卡服务经营者附随义务是以信息为客体指向的附随义务，如对交易信息的通知、保密等附随义务，对个人身份信息的保密义务。

（二）信用卡服务经营者附随义务类型构成依据的选择

信用卡服务经营者附随义务类型构成依据的相对性，为我们按照特定目的确定类型构成提供了可能，而在众多可能中如何选择取决于本书的研究目的。本书是以信用卡服务经营者附随义务为题进行的全面专题研究，因此我们应当选择一个能够最大限度地将各种形态的附随义务有机整合的连接点，并以此作为核心的分类依据。本书的立场是以附随义务所指向的客体加行为方式作为标准确定其类型构成。

基于权利与义务的对应关系，我们可以将权利类型体系的划分依据作为有益借鉴。关于私权类型构成体系的标准，我国学者李建华教授以私权客体为基础的主张较有合理性。他认为“现代私权体系的建立必须以客体制度为依托，主要有两个方面的原因：一方面，客体是实现利益具体化的需要，客体直观具体，可以实现抽象概念的具体化；另一方面，以客体为依据划分的权利类型相较于以主体为依据划分权利体系更具合理性。因此，私法对社会关系的调整，必须从利益的承载者——客体入手，使权利和客体之间保持一致性，才能够实现调整社会关系的目的，不至于成为抽象的理论体系”[①]。在确定信用卡服务经营者附随义务类型构成

① 李建华、王琳琳：《我国民法典总则编私权客体制度的立法设计》，载于《吉林大学社会科学学报》2012 年第 3 期，第 128 页。

的过程中，我们可以借鉴上述方法，以信用卡服务经营者附随义务的客体指向为标准确定类型构成。

“民事法律关系的客体，是指民事法律关系的主体享有的民事权利和承担的民事义务所指向的事物。确切地说，民事法律关系的客体是民事权利和民事义务产生的事物，如果没有民事法律关系的客体，民事权利和民事义务就无所依托。”[①]“民事法律关系的客体具有有用性和可支配性的特征。”[②]信用卡服务合同法律关系是围绕信用卡的申请、使用以及注销而引起的，且信用卡具有有用性和可支配性的特点，因此其为信用卡服务合同法律关系的客体，也是信用卡服务经营者附随义务的客体。但是信用卡不同于一般的民事法律关系客体，作为科学技术发展的产物，其具有传统民事法律关系的客体所不具备的特点。关于信用卡的概念，基于认识角度的不同，理论上存在不同的认识，[③]本书作者赞同信用卡为信用支付工具的观点。作为信用支付工具，其承载了存取现金、转账汇款、交易结算、授信消费等功能，这些功能不约而同地表现了信用卡是通过卡片的使用代替了传统的现金保存与流转，

① 许中缘、屈茂辉：《民法总则原理》，中国人民大学出版社 2012 年版，第 287 页。参见吴汉东《知识产权基本理论范畴研究——以无体物、无形财产、无形财产权为主要研究对象》一文（吴汉东：《知识产权多维度解读》，北京大学出版社 2008 年版，第 187 页，转引自李建华、王琳琳：《我国民法典总则编私权客体制度的立法设计》，载于《吉林大学社会科学学报》2012 年第 3 期，第 131 页）。

② 许中缘、屈茂辉：《民法总则原理》，中国人民大学出版社 2012 年版，第 287 页。

③ 参见侯春雷：《银行卡民事纠纷法律适用》，人民法院出版社 2013 年版，第 2 页。

其本质是现金保存与流转的替代物。对于信用卡服务消费者而言，在现金保存场合，他们所希望的是资金安全，在资金流转的过程中，他们所希望的是关于资金流动的信息，而对于资金流动的信息又可以进一步分为及时掌握相关信息和避免相关信息泄露。按照这一逻辑，本书采用客体加行为方式相结合的标准，确定信用卡服务经营者附随义务的类型构成，将信用卡服务经营者附随义务分为：信用卡服务经营者的保护义务、信用卡服务经营者的通知义务、信用卡服务经营者的保密义务等。之所以说“等”，是因为随着信用卡业务的发展，信用卡服务经营者附随义务的类型或内容可能会有增加，因此我们应当为其留下与时俱进的余地。

二、信用卡服务经营者附随义务的类型构成及其内部关系

按照客体与行为方式相结合的标准，信用卡服务经营者在提供信用卡服务的过程中，应当遵循诚实信用原则的要求，承担保护义务、通知义务、保密义务等义务。上述三种具体义务类型的结构，即信用卡服务经营者附随义务的类型构成。关于上述三种类型附随义务的具体内容、内容的确定规则、义务的履行及其限度，将在本书随后三章分别进行阐述。当然，上述三种类型仅仅是根据信用卡业务在当下发展的现状所进行的分类，随着信用卡业务实践的发展，可以充实和调整，这项工作需要结合今后信用卡业务的发展进行适时调整。

信用卡服务经营者附随义务类型构成的内部关系，是指共同

构成信用卡服务经营者附随义务的具体义务类型之间的逻辑关系和存在规律。信用卡服务经营者附随义务的类型构成涉及三个具体的类型，即保护义务、通知义务、保密义务。这三种具体类型不是毫无规律的，也不是随意形成的，三者之间具有一定逻辑关系。上述三种类型的具体义务形态，其中信用卡服务经营者保护义务更具有基础性，即相对于信用卡服务经营者的保护义务，信用卡服务经营者的通知义务、信用卡服务经营者的保密义务，因其二者在适用上具有一定局限性，因而具有特殊性。所以三者的内部之间存在一定递进关系，即按照保护义务、通知义务、保密义务的顺序排列，这就是信用卡服务经营者附随义务类型构成的内部关系。

三、信用卡服务经营者附随义务类型构成的作用

信用卡服务经营者附随义务类型构成的作用，是指对信用卡服务经营者附随义务进行类型化的现实意义和必要性。如果基于特定标准而形成的类型构成没有任何意义，那么就没有开展这一研究工作的必要性。就信用卡服务经营者附随义务的类型构成而言，其存在意义是不言而喻的，类型构成在对于附随义务基本理论研究与具体规则研究之间具有承上启下的作用。正是基于类型构成结论，才能够按照一定逻辑开展后续的研究和探讨，否则就会缺少逻辑性，造成结构混乱的后果。

（一）信用卡服务经营者附随义务类型构成具有重要理论意义

这三类义务能够较为全面地将信用卡服务经营者承担的具体附随义务予以涵盖，按照一定逻辑关系整合在一起，共同构成信用卡服务经营者应当承担的附随义务体系。这种类型构成结构有利于本书按照这个逻辑所划分的范畴对信用卡服务经营者附随义务进行后续研究，奠定了本书的研究框架。在类型构成的基础上，分类研究我国现行法律规定中关于信用卡服务经营者附随义务具体类型的内容、履行等规则，可以形成完整而有逻辑的理论脉络，丰富我国《民法典》合同制度现行规定的解释路径。所以，信用卡服务经营者附随义务类型构成具有重要的理论意义。

（二）类型构成的界定有利于对我国现行法律的解释

本书关于信用卡服务经营者附随义务的类型构成的界定，能够最大限度地与我国《民法典》合同编的现行规定相衔接，在不改变现有立法格局的前提下，通过对现有法律的解释指导司法纠纷解决中的法律适用，在保持法律稳定性的前提下实现法律的进化。

（三）类型构成的界定有利于我国司法适用的统一

本书关于信用卡服务经营者附随义务类型构成的界定有利于我国司法实践中裁判结果的相对统一，减少甚至避免同案不同判的发生，维护法律的权威，并进一步彰显司法的公信力。在本书写作过程中，作者试图针对信用卡服务经营者违反附随义务的具体类型，在中国裁判文书网上搜索各类型案件的数量，但是由于我国法院案由仅规定到信用卡纠纷这个层次，所以作者的努力没有得到期望的效果。如果在司法实践中能够针对信用卡服务经营者违反附随义务的具体类型确定案由，就可以方便查找同类型信用卡纠纷的裁判文书，进而为正在裁判中的同类案件提供一定借鉴。所以，对信用卡服务经营者附随义务类型构成的研究，能够间接地推动我国司法实践中法律适用和裁判结果的统一。

当然，我们也必须清楚地认识到，信用卡服务经营者附随义务类型构成不能解决信用卡服务合同的所有问题，其仅是信用卡规制体系中的一个重要环节而已，“而且信用卡领域自身就是一个非常复杂和难以有效规范的领域”[①]。

① SamuelIssacharoff and Erin F.Delaney, “Credit Card Accountability”, 73 *University of Chicago Law Review*(2006), pp.168–169.

第二章
信用卡服务经营者附随义务之保护义务

“保护义务为附随义务的基础类型，即保护义务为最典型的附随义务，其他附随义务可视为保护义务的特殊类型。”[①] 在信用卡服务经营者附随义务的具体形态中，信用卡服务经营者的保护义务是最重要的一种附随义务形态，可以说是信用卡服务经营者附随义务制度的制度价值、制度功能、制度目的、制度运行规则的集中承载者。信用卡服务经营者保护义务的产生、履行程度、履行效果直接决定了信用卡服务消费者申请、使用以及注销信用卡服务的目的能否得以最大限度的实现。虽然就信用卡服务经营者保护义务为其附随义务的重要类型的认识得到了普遍一致的认可，但是围绕信用卡服务经营者保护义务的理论基础、信用卡服务经营者保护义务的具体内容及其确定规则、信用卡服务经营者保护义务的履行原则及其履行措施等方面需要进行规则细化，否则会

---

① 侯国跃:《契约附随义务研究》，西南政法大学 2006 年博士学位论文，第 172 页。

影响其裁判结果的一致性，进而限制其法律适用的积极效果，不利于彰显司法公信力。这些问题正是研究信用卡服务经营者保护义务的任务所在。因此，本章着重围绕信用卡服务经营者保护义务的理论基础与我国立法现状，对信用卡服务经营者保护义务的具体内容及其确定规则、信用卡服务经营者保护义务的履行原则及履行方式等展开研究，致力于通过本章的研究促成对上述问题形成一致的认识。

第一节　信用卡服务经营者保护义务的理论基础与我国立法概述

信用卡服务经营者的保护义务成为现行法的一部分，经历了一个“现实问题→理论反思→立法规制”的过程。为了对其有一个感性的认识，我们首先来看一则案例。[①]某人在A市B银行申请一张信用卡后，在C市D银行的ATM机上办理取款业务。事后信用卡服务消费者发现其信用卡被他人在E市盗取现金若干元，随即报案。报案后不久，信用卡服务消费者被告知案件已经被侦破，犯罪嫌疑人在D银行ATM机上安装的摄像头拍摄了信用卡服务消费者取款的过程，录像中拍摄到了其所持卡片的账户密码，犯罪

① 需要说明的是，本书对该案例进行了一些改编。参见中国人民银行金融消费权益保护局编著:《金融消费者权益保护典型案例》(2013)，中国金融出版社2014年版，第19页。

嫌疑人利用相关手段复制卡片后进行使用。基于上述情形，信用卡服务经营者对消费者的损失进行了赔偿。

该案的处理结果引发我们对相关问题进行思考。信用卡服务经营者基于约定向客户提供的服务，具体包括存款服务、取款服务、转账支付结算服务等。本案中，信用卡服务经营者已经履行合同约定的主要义务，但是为什么还需要对信用卡服务消费者的损失进行赔偿呢？问题的答案是，这是由信用卡服务经营者基于合同关系应当承担的保护相对人人身财产安全的义务决定的。那么合同关系当事人之间的保护义务是否具有理论上的正当性这一问题便接踵而至。因此，本节首先就信用卡服务经营者保护义务的理论正当性以及我国立法对其采取的立场进行分别论述。

一、信用卡服务经营者保护义务的理论基础

信用卡服务经营者保护义务的理论基础为合同关系当事人的保护义务理论，是合同关系当事人的保护义务理论在信用卡服务合同领域的具体化。信用卡服务经营者保护信用卡服务消费者的合法权益，是金融业后危机时代构建新型金融秩序的新理念与现代民法基本精神相互作用的体现。金融危机以后，"考虑到经营者与金融消费者之间实际上存在不平等契约关系，法律设计相应规范时，需要校正这种不平等，从而实现法律的公平价值目标"[①]。这

① 杨东：《金融消费者保护统合法论》，法律出版社 2013 年版，第 50 页。

样，“加强金融消费者权益的保护，成为后金融危机时期各国金融监管当局反思和改革的重要内容。金融消费者保护理念在世界各国的呼声越来越高，加强对金融消费者保护已成为热潮”①。在这些问题的刺激和带动下，民法学领域也开始反思确立或将要确立合同关系的当事人之间负有保护义务的理论基础是什么。在《民法典》制定前，学者便曾站在不同角度提出不同主张，即分别从原合同法制度、原侵权责任法制度以及独立的保护义务制度的角度展开了研究与探讨，并形成了有代表性的观点。②我国原《合同法》和原《侵权责任法》对上述三种主张分别采取了有限的吸收与放弃，最终选择了区分具体情形，分别认定为合同性质的保护义务与侵权性质的保护义务。上述立法成果后被《民法典》继承，分别规定在合同编与侵权责任编中。本书探讨的信用卡服务经营者保护义务为合同附随义务性质的保护义务，因此，本书仅探讨《民法典》合同编中保护义务的理论基础。

就合同理论上的保护义务而言，经历了萌芽与形成的发展过程。“保护义务萌芽于耶林所提出的缔约过失理论、史韬布的积极侵害契约理论、西贝尔的附随义务理论，形成于克雷斯所提出的

① 杨东：《金融消费者保护统合法论》，法律出版社 2013 年版，第 50 页。

② 参见张家勇：《合同保护义务的体系定位》，载于《环球法律评论》2012 年第 6 期，第 58–69 页。叶榅平：《适用保护义务的界限和依据——以保护义务的法律性质为中心》，载于《法商研究》2008 年第 6 期，第 73–80 页。邱雪梅：《试论民法中的保护义务——“两分法”民事责任体系之反思》，载于《环球法律评论》2007 年第 5 期，第 110–121 页。

非完全保护请求权理论、施托尔提出的独立保护义务理论。”[1]上述理论相互影响，并最终奠定了合同保护义务的理论基础，即保护义务理论的形成过程，同时也是缔约过失理论、积极侵害契约理论以及附随义务理论相互影响的过程。从保护义务的产生过程可以看出，与其说保护义务是在借鉴相关理论研究成果的基础上产生的，不如说保护义务理论是在既有理论的夹缝中寻找和争取自己的理论地位和价值空间，正是保护义务自身独特的制度功能为其寻求自身的法律阵地提供了可能和机会。合同保护义务的制度功能与合同当事人和具有特定联系的当事人之间的保护诉求不谋而合，使得其成为合同义务群完整体系的一部分。就信用卡服务合同而言，信用卡服务消费者在申请、使用、注销信用卡的过程中，经常由于第三人的侵害而受到财产及人身损害，这些损害主要是围绕信用卡而产生的。如果信用卡服务经营者能够在信用卡服务消费者申请、使用以及注销信用卡的过程中给予一定保护，则在一定程度上可以使得信用卡消费者免受财产和人身损害，且信用卡服务经营者具有一定能力和优势来提供这方面的服务。所以在保护消费者理念的驱使下，结合信用卡服务经营者的优势地位，《民法典》合同编规定信用卡服务经营者一定保护义务具有了正当性。

交易主体之间的相互信赖是交易得以开展的基础。作为信用卡服务消费者的持卡人之所以选择信用卡服务，一个主要原因是

① 迟颖：《我国合同法上附随义务之正本清源——以德国法上的保护义务为参照》，载于《政治与法律》2011年第7期，第129页。

基于对信用卡服务经营者的信赖，信用卡服务的消费者信赖信用卡服务经营者能够通过信用卡服务的提供提高自己的生活质量，且不会因为信用卡服务而给自己带来任何损害及其他负面影响。这种对信用卡服务经营者的信赖构成了信用卡服务消费者合同利益的一部分，应当受到合同法的保护。如果信用卡服务消费者因享受信用卡服务而使其固有利益受到了损害，那么信用卡服务经营者即构成对合同义务的违反，应当承担违约责任。

二、关于我国信用卡服务经营者保护义务立法现状的评析

一方面为了顺应国际立法发展趋势，另一方面为了满足我国经济发展的客观需要，我国现有法律、法规、部门规章以及其他规范性法律文件中均有关于保护义务的规定。这些规定构成了信用卡服务经营者保护义务的规范来源。但是相关立法比较分散，如果想要深入、细致地研究我国《民法典》合同制度上的保护义务制度，首先需要对现行规定做一番整理。因此，本书先来总结一下我国的主要立法现状，然后就现行立法成果做一番评析。

（一）我国信用卡服务经营者保护义务的立法现状

《民法典》中，可以用于判定信用卡服务经营者承担保护义务的相关规定包括《民法典》第 3 条、第 109 条、第 113 条、第 120 条、第 128 条、第 186 条、第 509 条、第 1166 条、第 1198 条等，除《民法典》中的相关规定外，其他法律中也有关于保护义务的规

定。如《消费者权益保护法》第7条、第18条,《商业银行法》第6条、第29条、第30条等。上述规定共同构成信用卡服务经营者基于信用卡服务合同而负有保护义务的立法依据。

除上述法律的相关规定外，一些行政法规、部门规章以及其他规范性文件的规定也具有确定信用卡服务经营者保护义务的内容。如《储蓄管理条例》第5条、第37条,《电子银行业务管理办法》第37条、第89条,《中国人民银行关于执行〈储蓄管理条例〉的若干规定》第3条、第42条,《中国银行业金融机构企业社会责任指引》第10条、第11条,《中国银监会办公厅关于加强银行卡发卡业务风险管理的通知》第5条,《中国银行业监督管理委员会关于做好网上银行风险管理和服务的通知》第2条、第3条,《中国银行业监督管理委员会关于进一步规范信用卡业务的通知》第4条等有关条文，分别就信用卡服务经营者可能需要承担保护义务的情形做出了规定。

(二)我国信用卡服务经营者保护义务立法现状的评析

在“金融消费者”强保护观念的大背景下，加强对信用卡服务消费者的保护是其应有之义。我国现行立法顺应了这一趋势，在不同层级的法律、法规等规定中规定了具有保护内容的法律义务，具体成就体现在以下几个方面：其一，我国民事基本法中确立了对信用卡服务消费者进行保护的基本原则。我国《民法典》第3条通过确立民法基本原则的方式，规定了一切民事主体的民事权利均应得到法律的保护。因此，作为具体的民事主体的具体权利，信用卡服务消费者的合法权利应当得到保护，信用卡服务消费者的合法权益得到有效保护是信用卡业务活动中应当坚持的基本原则。其二，在民事基本法关于保护义务规定的基础上，人民银行、银行业监督管理委员会根据对信用卡业务进行有效监管和规范的需求，分别制定相应的监管规定，并在其中进一步明确了信用卡服务经营者的保护义务。这些规定分别结合特定的信用卡业务背景，规定信用卡服务经营者的保护义务，明确了信用卡服务经营者应当在提供特定信用卡服务的过程中履行保护义务，否则即构成对保护义务的违反。

虽然我国现行立法能够顺应国际立法的发展趋势，确认了信用卡服务经营者的保护义务，但是就我国目前法律制度体系中的民事法律制度而言，其中关于保护信用卡服务消费者的立法严重落后于实践的需求。这种不足主要体现在以下两个方面：其一，在民法中缺少专门性的法律规范，就已经存在的法律规范而言多以金融监管法的面目出现，“其主要目的在于规范金融机构的运行秩序，保护金融消费者合法权益的法律目标并不明确，对金融消费者的保护也鲜有直接涉及，或只做原则规定，操作性不强”①。这种现状导致了信用卡业务的快速发展与规范信用卡民事活动的民事法律制度相对缺乏之间的矛盾愈发突出。其二，虽然我国现行法律体系中不同层级的规范均规定了信用卡服务经营者负有保护

① 朱庆、唐友伟：《发达国家金融消费者权益保护的经验及对我国的启示》，载于《海南金融》2011 年第 3 期，第 39 页。

信用卡服务消费者的义务，但是这些规定并没有对应法律层级的由高到低而做出从原则到具体的规范，相反，无论在哪一层级都仅做出了较为原则的规定。虽然这样的规定肯定了信用卡服务经营者应当承担对消费者的保护义务，但是究竟应当承担哪些保护义务、保护义务需要履行到什么程度、违反保护义务是否承担法律责任、违反保护义务承担什么形式的法律责任，均没有做出明确规定。实践中只能靠审理案件的法官通过自由裁量权的行使去探索和完善相应的规则。因此，不同层级的规范之间没有形成相互衔接配合的结构，无法实现理想的预期效果。

立法的上述不足严重地制约了对信用卡服务消费者保护的实际效果。因此在现有的立法条件下，如果想最大限度地保护信用卡服务消费者的权利，需要按照有利于保护信用卡服务消费者的目的来对上述规则进行解释。通过解释使相关规则得到明确化，进而为有效规范信用卡服务经营者的行为提供法律依据。

第二节　信用卡服务经营者保护义务的内容与除外情形

“为使债务关系有效成立，给付义务的内容必须是确定的或至少是可以确定的。”[①] 在合同债务法律关系中，当事人承担的给付义

---

① ［德］迪尔克·罗歇尔德斯：《德国债法总论》（第7版），沈小军、张金海译，沈小军校，中国人民大学出版社2014年版，第89页。

务的内容应当或者至少是能够确定的，这是合同关系有效成立的重要条件。如果给付义务的内容既不确定又不能确定，那么给付义务就无法得到履行，通过给付义务的履行才能实现的合同目的也就成了空中楼阁，因此义务确定是合同有效成立的重要前提条件。作为增强给付义务履行效果的保护义务也要满足内容确定或者能够确定的基本要求，否则保护义务就无法被实际履行，并导致无法实现按照诚实信用原则的要求增强给付义务履行效果的目的。信用卡服务经营者附随义务的具体内容是否确定以及是否能够确定，制约着信用卡服务合同的目的能否得到最大限度的实现，因此需要准确判断和把握信用卡服务经营者保护义务的具体内容。本书探讨的信用卡服务经营者的保护义务属于合同附随义务项下的一种具体类型，即为一种合同附随义务。信用卡服务经营者附随义务的一个典型特点为，义务内容不是通过当事人约定而自始确定的，而是需要在合同履行阶段按照诚实信用原则的要求，并结合合同义务的履行行为按照一定规则进行确定，这一规则就是信用卡服务经营者保护义务的确定规则。因此，探讨信用卡服务经营者保护义务的内容需要解决两个大问题：其一，信用卡服务经营者保护义务内容的确定规则；其二，信用卡服务经营者保护义务的具体内容。下面本书首先探讨第一个问题，即信用卡服务经营者保护义务内容的确定规则。

一、信用卡服务经营者保护义务内容的确定规则

信用卡服务经营者保护义务是为了最大限度地实现合同目的而要求信用卡服务经营者履行的附随义务，在确定信用卡服务经营者保护义务内容的时候，应当按照有利于制度目的实现的规则确定能够促进合同目的实现的保护义务的内容。信用卡服务经营者保护义务的核心功能，是避免信用卡服务消费者因信用卡服务合同的订立、履行而遭受损失。因此，确定信用卡服务经营者保护义务内容的规则应当是以安全为价值导向，并依据相对客观的标准确定义务内容。

（一）确定信用卡服务经营者保护义务的价值基础——信用卡消费者的安全

第一，“由于金融知识有限、掌握信息不对称，现实中金融消费者经常会陷入认识滞后、判断滞后等，难以保证金融消费者对金融产品的性能、用途以及相关服务进行充分、理性的认识，最终将使自己的合法权益受到损害而不能实现有效的维护”[①]。“金融消费者作为金融市场中最庞大的利益群体和最重要的资金来源，却又位于整个金融体系的金字塔底层，是最脆弱、最要受关怀的

① 朱庆、唐友伟:《发达国家金融消费者权益保护的经验及对我国的启示》，载于《海南金融》2011 年第 3 期，第 39 页。

群体。”[①]因此，学界及法律实务界对于金融消费者的安全是金融安全的重要组成部分的观点已经形成共识。如果金融消费者的安全受到了侵害，那么作为“上层建筑”的金融秩序势必也会受到损害。所以，金融消费者的安全是金融安全的应有之义，没有金融消费者的安全，金融安全也就成了无源之水、无本之木。信用卡服务合同中的消费者作为金融服务的接受者，是金融消费者的一部分，强调保护金融消费者的安全必然包括信用卡服务消费者的安全。由此，确定信用卡服务经营者保护义务的内容应当以信用卡服务消费者的安全作为价值基础。

第二，就金融消费者而言，金融消费者的人身、财产等安全是其参与金融交易与金融活动的前提。金融消费者参与金融交易活动需要确保其资金、人身、个人信息、金融服务系统等的安全可靠，没有安全的保护措施，金融消费者的参与热情和信任感就会受到抑制。金融服务消费者参与金融活动、接受金融服务的目的是提高生活质量、获得财产增值，没有任何一个金融服务消费者是希望通过参与金融活动或金融交易来减损自己的权利和利益。因此，金融业的发展需要将防范金融风险作为前提和重要保障，而对金融风险的防范需要以对金融风险的识别作为前提。就信用卡服务而言，对信用卡服务消费者的保护依赖于对威胁信用卡服务消费者安全的各种风险做出准确识别，只有有效识别相应风险，才能采取合理的措施予以防范和救济。由于信用卡具有较强的专

① 杨东：《金融消费者保护统合法论》，法律出版社 2013 年版，第 1 页。

业性和技术性，信用卡服务经营者作为信用卡的开发者和服务经营者，相较于信用卡服务消费者对于威胁信用卡的风险具有较强的识别能力和风险控制能力，所以应当承担起保护信用卡服务消费者的义务。通过规定信用卡服务经营者的保护义务，将信用卡的业务风险分担给更有能力承担的信用卡服务经营者，是确定保护义务内容的内在逻辑。

（二）信用卡服务经营者保护义务的确定根据——信用卡消费者的利益

“20 世纪 20 到 30 年代，在德国兴起的具有社会法学性质和特征的利益法学流派所倡导的法学方法，为法学研究提供了不同于传统概念法学的新视角，即法起源于对立利益的斗争，法的目的在于平衡利益，立法者必须通过对相互竞争的生活利益的平衡而实现对利益的保护。”[①]其中，对于立法者而言，对不同主体利益的平衡的主要实现方式和途径是通过对权利、义务的设置来进行的。“与其他部门法一样，民法作为社会治理的工具，也是通过对特定类型冲突的利益关系设置相应的协调规则来实现其组织社会秩序的功能。其确立协调规则的过程，就是做出利益取舍，或安排利益实现先后序位的过程。”[②]立法者借助权利、义务内容的合理确定

① 张文显:《二十世纪西方法哲学思潮研究》，法律出版社 2006 年版，第 108-110 页。

② 王轶:《民法典的规范类型及其配置关系》，载于《清华法学》2014 年第 6 期，第 56 页。

来反映利益关系，并进一步借助合理确定权利、义务内容的规则来平衡相互冲突的利益关系。特别是对于法律义务而言，法律对义务的赋予以及义务主体对义务的履行抑或是违反，一般会伴随着利益状态的改变，而“法律正是通过对他人和社会设定对权利主体的义务来保护和促进一个人的利益”①，又如“‘不真正义务’，即当事人应为一定行为而不为时，法律课以某种不利益”②的情形等。因此，基于义务与利益的这种逻辑关系，有充分的理由认为，对利益以及利益形态的考察是研究法律义务、确定义务内容的重要方法。信用卡服务合同是信用卡服务合同法律关系中当事人权利、义务的集中表现，当事人在信用卡服务合同中约定权利、义务的内容，以及法律就信用卡服务合同的特定情形通过法定的方式赋予当事人权利、义务，是围绕合同双方当事人的利益而设计的。所以，信用卡服务消费者的利益及利益形态，是确定信用卡服务经营者在信用卡服务合同中应负的保护义务的根据。立法者以及司法机关正是根据对信用卡服务消费者基于信用卡服务合同所享有的利益的全面、系统整理，才能科学地确定信用卡服务经营者负有的保护义务的具体内容以及范围界限。

在信用卡服务合同中，据以确定信用卡服务经营者保护义务范围及内容的信用卡服务消费者的利益（范围），首先，是信用卡服务消费者的利益。信用卡服务消费者的合同相对人以及合同

① 张文显：《二十世纪西方法哲学思潮研究》，法律出版社2006年版，第419页。
② 王泽鉴：《民法总则》（增订版），中国政法大学出版社2001年版，第81页。

当事人以外第三人的利益均不能成为确定信用卡服务经营者的保护义务的根据。其次，是信用卡服务消费者在信用卡服务关系存续期间享有的利益。信用卡服务消费者在信用卡服务合同订立前、信用卡服务合同关系终结后所享有的利益，不能成为确定信用卡服务经营者负有保护义务的基础。最后，是信用卡服务经营者通过履行信用卡服务合同的主给付义务无法实现的利益。借助于信用卡服务经营者履行主给付义务可以得到有效保护的利益，没有必要画蛇添足地人为设计成具有附随义务属性的保护义务。只有在当事人约定的主给付义务不能实现对特定利益的保护的前提下，法律为了实现合同正义，才有必要规定信用卡服务经营者的附随义务，确保信用卡服务消费者的合同利益得到全面实现。

二、信用卡服务经营者保护义务的具体内容

信用卡服务经营者保护义务的具体内容，是指信用卡服务经营者结合信用卡业务功能，应当履行的符合保护义务要求的具体作为或不作为。具有附随义务属性的信用卡服务经营者保护义务不是基于法律的明确规定，也不是由当事人在合同中约定，而是遵循诚实信用原则的要求，需要结合信用卡服务的业务实践来确定，这必然导致保护义务的内容具有经验性的特点，需要结合实践经验来不断地积累和探索。因此，本书根据信用卡业务的发展实践，将信用卡服务经营者根据信用卡服务合同应当承担的保护义务的具体内容归纳为如下几种类型：

（一）保护卡内资金安全的义务

卡内资金是信用卡服务消费者为了正常发挥信用卡服务的功能而事先或事后存入信用卡账户的资金。对于信用卡服务消费者而言，信用卡内的资金是信用卡服务消费者的重要财产利益。信用卡服务消费者不应当因为信用卡的使用而使其财产利益受到损失。信用卡服务消费者基于对信用卡服务经营者能够有效保障卡内资金安全的信赖，才会与其建立信用卡服务合同关系，接受其提供的服务。所以，信用卡服务经营者应当确保其提供的信用卡是安全的，存入信用卡内的资金不会遭受意外的损失。[①]信用卡服务经营者为了保障客户的资金安全，应当按照法律的规定并遵循诚实信用原则的要求履行相应的保护义务，最大限度地确保信用卡服务消费者在信用卡内的资金不因任何不法行为而遭受损失。我国《民法典》第467条第1款规定，“本法或者其他法律没有明文规定的合同，适用本编通则的规定，并可以参照适用本编或者其他法律最相类似合同的规定”。我国《消费者权益保护法》第7条第1款规定，“消费者在购买、使用商品和接受服务时享有人身、财产安全不受损害的权利”。根据上述规定，虽然我国《民法典》没有就信用卡服务经营者负有的保护义务做出明确的规定，但是仍然可以得出信用卡服务经营者负有保护义务的结论。

在信用卡服务合同中，双方当事人往往会通过约定条款来约定信用卡服务经营者负有保障客户卡内资金安全的义务，这一义

---

① 《银行被认定违反保障卡内资金安全义务应对此次“交易”埋单》，http://blog.sina.com.cn/s/blog_4a6201490102v69j.html，最后访问时间：2015年9月13日。

务并非具有附随义务属性的保护义务。作为附随义务的保护义务是指基于诚信原则确定的保护义务。当事人在合同中约定的保护义务在性质上属于合同的主要给付义务，如对于向客户提供具有储蓄存款功能的信用卡服务的银行而言，其保证账户内资金安全就是其主要给付义务，而非附随义务。附随义务，是指信用卡服务经营者负有的保护信用卡服务消费者不因办理信用卡中的非储蓄类业务而引起资金以及其他财产受损的义务。同时，因为这种义务发生在具有特定关系的合同当事人之间而使其与侵权责任法上的保护义务区别开来。例如，一家银行的营业网点与一家证券公司的营业机构合租一间营业场所办公，信用卡服务消费者持卡前往银行在该处的营业网点办理提款业务，在办理资金提取业务的过程中，客户因所提现金被人抢走受到损失。在此情形下，信用卡服务的消费者享有请求该银行给予赔偿的请求权。其理由在于：客户与银行之间存在信用卡服务合同关系，银行作为合同的相对方负有保障客户财产安全的义务。对于在该营业场所经营证券经营业务的证券公司而言，由于其不是客户的合同相对方，不依据合同承担相应的保护客户的附随义务，所以不需要承担赔偿责任。此外，假如前往营业场所取款的信用卡服务消费者在前往银行营业场所取款的过程中，家里被入室的窃贼盗走现金若干，对于这笔因被盗而遭受的损失，银行不负有赔偿损失的责任。因为该财产既不是信用卡承载的财产，也不是因为信用卡服务的接受或消费而引起的损失，该损失与信用卡的申请、使用、注销没有任何关系，因此作为信用卡服务经营者的商业银行没有任何理由承担赔偿责任。

（二）保护服务场所安全的义务

服务场所，是信用卡服务经营者提供信用卡服务的具体时空地点等物理环境，传统金融服务场所均为有形固定的实体物理场所。但是随着科学技术的发展，特别是网络数字技术的发展，金融机构提供服务的方式以及提供服务的具体场所也相应地发生了革命性的变化。以虚拟网络为主要手段和平台的电话银行、网络银行、移动终端银行等新的服务方式已经成为大众金融服务的主要实现方式，相应的服务场所也由原来的实体服务场所演变为虚拟服务场所。虽然实体服务场所与虚拟服务场所在诸多方面存在差异，但是其功能是一致的，即均为金融机构提供服务的物理环境。因此，作为金融服务经营者的金融机构负有保护上述场所安全的义务，即对于传统物理场所与现代新兴虚拟场所均负有保证交易安全的义务。传统服务场所的安全如保证 ATM 机的使用过程处于保密环境下，有些商业银行在 ATM 机周围圈上了带有安全锁的护栏，商业银行在提供柜台服务时提示等待的客户在标识线以外等待的措施，这些都是基于保护义务的要求。如果 ATM 机被安装摄像头等装置导致信用卡服务消费者遭受损害，那么银行将因为违反保护义务而承担责任。我国司法实践中发生了很多类似的案例，如“存款不翼而飞，ATM 惊现‘窃录器’，故意还是巧合”

一案[①]。信用卡服务本身就是数字信息技术的产物，所以，除传统实体服务场所可以提供信用卡服务外，借助于虚拟服务场所依然可以有效提供信用卡服务。对于通过虚拟服务场所远程提供信用卡服务而言，信用卡服务经营者应当承担保护交易场所安全的义务。特别是在这一过程中，如果虚拟场所遭到破坏而使信用卡服务消费者遭受了损害，那么信用卡服务经营者需要承担相应的赔偿责任。

（三）保存使用信用卡形成的信息记录完整的义务

信用卡服务经营者基于提供信用卡服务的角色优势，掌握了信用卡服务消费者在使用信用卡服务过程中形成的信息，如存取款的时间、地点、卡内资金金额、交易对象、交易频率、交易金额等。对于这些信息，信用卡服务经营者负有妥善保存的义务。妥善保存相关交易记录信息的义务对于维护信用卡服务消费者的合法权益具有重要作用，因此其属于保护义务的一项具体内容。如黄某诉交通银行股份有限公司武汉任家路支行储蓄存款合同纠纷案[②]，该案中，原告因存款被盗要求银行承担赔偿损失的责任，涉案银行主张黄某对于资金损失存在过错，但是因所依据的证据已经超过3个月的保存期限而无法提供。

---

① 参见中国人民银行金融消费权益保护局编著：《金融消费权益保护典型案例》（2013），中国金融出版社2014年版，第409页。

② 黄某诉交通银行股份有限公司武汉任家路支行储蓄存款合同纠纷案，http://openlaw.cn/，最后访问时间：2015年3月30日。

虽然银行的主张得到了法院的认可，判决驳回原告黄某的诉讼请求，但是本书认为，该案的判决有一定不足。银行完整妥善保存客户的交易记录是其保护义务的应有之义，如果银行没有履行此项保护义务，应当对客户因此而遭受的损失承担违约责任。本案中，银行应当对不能提交相关交易记录的行为承担违约责任。特别是在信用卡服务消费者的信用卡因被盗等行为而被他人使用时，如果盗用者使用盗用的信用卡进行交易，信用卡服务经营者按照保护义务的要求，应当将盗用者使用盗用的信用卡实施的交易予以准确记录，并妥善保存。同时应当将保存的信息作为信用卡服务消费者寻求救济的重要事实依据予以提供。

三、信用卡服务经营者保护义务的除外情形

信用卡服务经营者保护义务的除外情形，又称信用卡服务经营者保护义务的有限性，即处于信用卡服务经营者地位的银行在符合法定条件的情况下不再承担对信用卡服务消费者的保护义务。正如权利人的权利存在边界一样，当权利的运行超出权利边界时便不具有权利的性质，作为权利相对概念的义务也有一定边界，可以说权利的边界就是其对应的义务的边界。如果对义务人的义务不设置一定边界，就会使义务人的负担过于沉重，没有明确边界的义务对于义务人是不公平的，也是法律所不允许的。要求信用卡服务经营者承担相应的保护义务，是

法律为了平衡双方当事人在缔约以及履约的过程中客观上所处的不平衡的法律地位。但是这种平衡并非不顾信用卡服务经营者的利益，而应当控制在一定限度内，当不平衡得以恢复到平衡状态的时候，保护义务也就到了应有的限度，否则势必导致信用卡服务经营者负担过重，过度增加经营成本，有损市场经济公平、自由竞争的价值取向，进而影响整个金融业的发展。因此，不能“矫枉过正”，不能因为对信用卡服务消费者的倾斜性保护而漠视甚至忽视信用卡服务经营者的合理利益及其存在价值，即对信用卡服务经营者承担的保护义务应当有合理的限制。我国司法实践经验表明，这一思想在实践中也获得了接受并得到了贯彻。①

（一）信用卡服务经营者保护义务限于其控制范围内

信用卡服务经营者保护合同相对人人身、财产权益的义务应当在其有效控制的范围内，即坚持可控制原则，商业银行对于信用卡服务消费者在可以控制的范围以外发生的损害不负有保护的义务。举轻以明重，对于信用卡服务经营者控制范围以外发生的事件，信用卡服务经营者没有能力提供保护，如果依然赋予信用卡服务经营者保护义务是“强人所难”，就会产生因为对公平的过度追求而导致损害公平的结果。例如，客户将资金带出信用卡服务经营者经营场所后，于回家途中，在大街上行走的过程中其钱

① 张某诉中国工商银行股份有限公司清远分行信用卡纠纷案，http://www.pkulaw.cn/Case/，最后访问时间：2015 年 9 月 13 日。

款被抢走，对此情形下的损失，信用卡服务经营者不负有赔偿损失的责任。因为营业场所以外的范围显然超出了信用卡服务经营者可以控制的范围，如果让其承担保护信用卡服务消费者安全的义务，明显有违公平，即使在客观上能够实现，但因义务负担过重而产生不公平。又如，信用卡服务消费者登录“钓鱼网站”导致的资金损失也属于此种情形。因为“钓鱼网站”为非法网站[①]，信用卡服务经营者无法进行管理控制，所以对消费者遭受的损失不承担责任。

关于信用卡服务经营者控制范围的判断标准，应该按照客观的物理标准。随着信息互联网络、电子信息技术的发展，作为信用卡服务经营者控制范围的判断标准的物理标准也在发生变化。传统的物理控制范围基于营业场所及其周边的合理距离为标准进行认定，在网络银行、电子银行、电话银行等新型服务手段常态化的新形势下，信用卡服务经营者提供的网络银行系统、电子银行系统、电话银行系统等所涉及的系统也是信用卡服务经营者可以控制的范围，信用卡服务经营者应当保证上述服务系统的安全。如果信用卡服务消费者在营业场所及其周边合理距离以外的网络银行系统、电子银行系统、电话银行系统内基于系统本身存在漏洞而遭受损失，信用卡服务经营者应当承担相应的违约责任，对信用卡服务消费者所遭受的损失予以赔偿。

---

① 如大洋网报道的一则新闻《银行官网跳出“钓鱼”广告，办信用卡被骗 4 万多》，大洋网：http://news.dayoo.com/guangzhou/201105/06/73437_16508033.htm，最后访问时间：2015 年 9 月 12 日。

（二）信用卡服务消费者明确表示放弃的情形

“意思自治”与“合同自由”允许合同当事人在不违反法律规定，且不损害国家、集体、第三人利益的前提下自由处分自己的权利，信用卡服务经营者的保护义务对于信用卡服务消费者而言就是应当受保护的权利，这一权利属于私权利，信用卡服务消费者可以在合同条款中明确表示放弃受保护的权利。所以，当信用卡服务消费者在信用卡服务合同中明确表示，放弃接受信用卡服务经营者履行保护义务的，信用卡服务经营者不再承担相应的保护义务。例如，信用卡服务消费者通过银行柜台办理向陌生人转账的汇款业务，信用卡服务经营者及时进行防范诈骗的提示、说明，信用卡服务消费者明确表示继续办理转账汇款业务，并表示对其中可能存在的风险由自己承担，在此种情形下，信用卡服务经营者的保护义务得以免除。如信用卡服务消费者最终证实被人欺骗导致资金受损，对其遭受的损失，信用卡服务经营者不负担赔偿损失的责任。在信用卡服务业务实践中，信用卡服务经营者为了有效保护自身的利益，明确要求办理业务的客户就此进行书面确认即是履行保护义务的一种体现。

（三）法律明确规定的具体情形

我国《民事诉讼法》、相关司法解释以及最高人民法院审理民事案件适用民事诉讼法有关规定的批复等明确规定，人民法院因为审理案件需要对涉案当事人在商业银行的存款采取查询、冻结等强制措施的，商业银行应当予以协助，如果商业银行拒不协助，人民法院有权根据《民事诉讼法》的规定采取相应的强制措施。[①]由此可见，在发生上述法律规定的情形时，信用卡服务经营者的保护义务受到了限制，需要协助法定机关采取强制措施，并不向信用卡服务消费者承担违约责任。

（四）基于公共利益需要的其他情形

恐怖犯罪、走私犯罪等严重的刑事犯罪威胁着人类的幸福，因此任何组织和个人都负有打击恐怖犯罪等严重暴力犯罪的责任。虽然打击恐怖组织犯罪等严重暴力犯罪的手段多种多样，但是银行业金融机构的反洗钱措施也是打击恐怖犯罪等严重暴力犯罪的重要手段，更是其义不容辞的责任和义务。因此，国际法律文件以及有关的国内法律明确规定了银行业金融机构的反洗钱义务。按照反洗钱识别规则，如果信用卡服务经营者认为特定信用卡服务消费者具有洗钱的嫌疑时，信用卡服务经营者的保护义务也得以免除。信用卡服务经营者应当按照法律的要求和程序协助有权

① 类似内容的规定多次出现在最高人民法院发布的司法文件中，如《最高人民法院、中国人民银行关于依法规范人民法院执行和金融机构协助执行的通知》第5条规定，“对人民法院依法向金融机构查询或查阅的有关资料，包括被执行人开户、存款情况以及会计凭证、账簿、有关对账单等资料（含电脑储存资料），金融机构应当及时如实提供并加盖印章；人民法院根据需要可抄录、复制、照相，但应当依法保守秘密”；又如，《最高人民法院、中国人民银行关于人民法院查询和人民银行协助查询被执行人人民币银行结算账户开户银行名称的联合通知》《中国人民银行、最高人民法院、最高人民检察院、公安部关于查询、冻结、扣划企业事业单位、机关、团体银行存款的通知》等有关规定的内容均明确规定了银行协助有权机关的义务，通过规定协助义务免除了商业银行在法定情形下的保护客户相关信息的义务。

机关采取必要措施，并不承担任何违约责任。

当然，基于公共利益的需要而限制信用卡服务经营者的保护义务不限于反洗钱的情形，特别是随着人们对新的公共利益形态达成共识，基于公共利益外延的发展可能会对信用卡服务经营者提出新的义务要求，信用卡服务经营者应当按照新的义务要求履行相应的社会义务，这并不构成对合同保护义务的违反。

第三节　信用卡服务经营者保护义务的履行

在强保护观念的驱使下，信用卡服务经营者是否履行保护义务比信用卡服务经营者是否负有保护义务更被人关注，信用卡服务经营者保护义务的履行已经成为信用卡服务经营者保护义务的核心问题。“合同履行是债权得以实现的前提，也是建立信用经济的基础，只有合同得到履行，才能形成良好的市场经济秩序”①，“为此，合同法规定合同履行制度，就是要从根本上保证合同债务得以正常履行，合同债权得到圆满实现，预防和减少各种违约行为，通过合同关系的不断产生、不断履行和不断消灭，使市场经济有序和健康地发展”②。不同性质的合同义务以及相同性质但不同

① 王利明:《合同法研究》(第二卷)(修订版)，中国人民大学出版社 2011 年版，第 3 页。

② 王利明:《合同法研究》(第二卷)(修订版)，中国人民大学出版社 2011 年版，第 4 页。

类型的合同义务具有不同的制度功能，义务功能实现的程度在某种意义上表现为义务履行所产生的实际效果，因此，必须严守合同，必须严守信用卡服务合同，信用卡服务合同义务必须得到当事人的履行。本节重点围绕信用卡服务经营者履行保护义务的积极保护原则、时时保护原则、信用卡服务经营者保护义务履行方式等问题，就信用卡服务经营者保护义务的履行展开研究。通过对这些问题的研究，解决如何判断信用卡服务经营者是否合理地履行了保护义务的问题。

一、信用卡服务经营者保护义务的履行原则

信用卡服务经营者保护义务的履行原则是合同全面履行原则在信用卡服务合同中的具体体现。信用卡服务经营者在实践中应当按照积极、时时的原则履行保护义务，在积极、时时原则的指引和规范下采取必要的保护措施，避免信用卡服务消费者因为选择、使用信用卡服务而遭受损失。

（一）积极保护的原则

所谓积极保护的原则，是指信用卡服务经营者在提供信用卡服务的过程中，应当从有效保护信用卡服务消费者避免因为信用卡的申请、使用以及注销行为而可能遭受的损失出发，采取一切可能的措施。本着对处于弱势地位的信用卡服务消费者进行有效保护的宗旨，信用卡服务经营者采取措施的出发点不是为了满足

金融监管机构的要求，而是应当站在信用卡服务合同当事人的角度。其行为所彰显的终极价值追求不是从业行为合规性，而是私法上的公平理念。

笔者曾借助自身的工作优势，对信用卡服务办理者进行实地走访。根据走访所了解的情况，信用卡服务经营者在推介和办理信用卡服务的过程中，均会积极地采取各种方式帮助信用卡服务消费者避免因信用卡的申请、使用或注销而遭受损失。如及时更新业务系统、及时更新技术方案、主动传授保护方法、反复教授使用技巧等，这些行为均是积极保护原则在日常经营中的具体体现。

（二）时时保护的原则

所谓时时保护的原则，是指信用卡服务经营者对处于信用卡服务合同当事人地位的信用卡服务消费者的保护义务是一种连续的、不间断的义务。该义务不随着信用卡服务经营者工作时间的变化而变化，贯穿于双方服务关系存在的始终。时时保护的原则对于信用卡服务经营者而言体现了较高的义务要求，但是并不有违公平原则。信用卡服务经营者的特殊能力和优越地位，使其能够甚至是高质量地履行相应的保护义务。实践中，信用卡服务经营者已经接受，并证明其有能力按照时时原则的要求履行对消费者的保护义务。如信用卡服务经营者提供 24 小时的客户电话服务，为客户办理挂失、止付事宜就是很好的例证。又如，信用卡账户内资金发生变动时，信用卡服务经营者借助于短信服务平台同步发送的账户信息变动通知也是对时时保护原则要求的落实。时时保护原则既是科学技术发展的必然要求，也是科学技术发展的必然结果。即科学技术的发展，要求作为技术优势方的经营者提供更高质量的服务，同时经营者为了提高自己的服务质量必然要借助最新的科技发展成果提高自己的服务质量，进而满足客户提高服务体验的需求。

二、信用卡服务经营者保护义务的履行方式

信用卡服务经营者保护义务的履行方式，是判断其履行保护义务的重要外在标准。关于如何确定合同义务的适当履行方式，我国民法学者崔建远教授认为，“合同有关于履行方式有约定的，依其约定；无约定时，宜采取公平合理的方式履行”[①]。就信用卡服务合同而言，综合信用卡服务合同的实践，信用卡服务合同中信用卡服务经营者保护义务的履行方式的确定依据可以参照如下几个方面的因素，即当事人约定的方式、法律明确规定的方式以及行业习惯认可的方式。在以上三种方式存在并列的情形下，信用卡服务合同当事人自行约定的方式具有优先适用的效力；如果信用卡服务合同当事人没有就具体义务的履行方式达成一致的意思表示，优先适用法律明确规定的方式；既没有信用卡服务合同当事人的明确约定，也没有法律的明确规定的，应当按照具体业务的交易习惯确定保护义务的具体履行方式。总之，借助于上述方

① 崔建远:《合同法总论》(中卷)，中国人民大学出版社2012年版，第71页。

式确定具体的技术措施履行相应的保护义务。

（一）约定形式

“意思自治”是私法的基本原则，按照意思自治原则的要求，信用卡服务合同的当事人完全有权利按照自己的意思决定是否订立信用卡服务合同。如何约定信用卡服务合同中权利、义务的具体内容，当然对于信用卡服务经营者以什么方式履行哪些内容的保护义务有所影响，当事人有权利按照自己的真实意思进行协商确定。所以，当事人有权利自行约定信用卡服务经营者履行保护义务的具体方式，关于保护义务履行方式的约定，对当事人具有法律约束力。关于保护义务的履行方式通过当事人自行约定予以确定是实践中最通常的做法。通过信用卡服务合同当事人约定确定的保护义务履行方式，往往是信用卡服务合同当事人基于长期的实践经验总结出来的最切实可行的方式，能够较为妥当地实现相应的合同目的。我国关于规范信用卡服务法律关系的法律规范肯定了当事人通过约定的方式确定义务履行方式。如“发卡银行应当向持卡人提供对账服务。按月向持卡人提供账户结单，在下列情况下发卡银行可不向持卡人提供账户结单：……已与持卡人另行商定”①。当事人可以基于双方一致的意思表示就保护义务的履行方式进行协商确定。当事人基于协商一致约定的保护义务履行方式具有优先适用的法律效力，即在信用卡服务合同的当事人就保护义务履行方式做出了约定，法

① 《银行卡业务管理办法》（中国人民银行银发［1999］17 号）第 52 条。

律就信用卡服务经营者的保护义务的履行方式亦进行了规定的情形下，当事人约定的履行方式优先于法律确定的履行方式。

（二）法定形式

作为信用卡服务合同中信用卡服务经营者附随义务的保护义务，为我国《民法典》所肯定。虽然我国《民法典》没有就保护义务的具体形态及保护义务的履行方式做出明确规定，但是在相关的信用卡服务监管法律规范中，对信用卡服务经营者如何履行保护信用卡服务消费者的权益做出了规定。这些方式对信用卡服务经营者具有法律效力，信用卡服务经营者应当按照法律规定的方式履行保护信用卡服务消费者权益的义务。在信用卡服务经营者保护信用卡服务消费者知情权的过程中，法律规定了信用卡服务经营者的具体履行方式，如“商业银行应当按照中国人民银行规定的存款利率的上下限，确定存款利率，并予以公告”[①]，即利率信息知情权所对应义务的履行方式。由于该方式由法律明确规定，所以为法定方式。立法情况表明我国就信用卡服务经营者的保护义务的具体履行方式，可以通过法定的方式予以确定，信用卡服务经营者应当按照法律规定的方式履行相应的保护义务。

（三）行业交易习惯认可的形式

古典契约法理论进化到新古典契约法理论，对于合同法理论

① 参见《中华人民共和国商业银行法》第 31 条规定的内容。

发展所具有的重要里程碑意义之一便在于合同内容确定规则的进化。其中理论及制度进化的一个重要体现是对合同内容的认定开始突破古典契约法理论的认定规则，在新古典契约法律理论中，商业贸易习惯和交易习惯对于理解、确定合同内容，包括对于法院在司法程序中解决合同纠纷具有重要作用。“新古典契约法的另外一项重大变化是，由只认契约法规则和契约条款到承认商业贸易习惯和交易惯例对契约的作用。在新古典契约法理论看来，当事人之间的协议不仅仅通过语言文字表示出来，还通过此前的交易过程、贸易习惯、履约过程以及其他关系性情形表现出来。”[①]不可否认，合同当事人之间在长期交易往来中形成的商业贸易习惯以及交易惯例对于合同具有重要意义，商业贸易习惯和交易惯例对于合同的订立、合同的效力、合同履行以及违反合同需要承担的违约责任都具有重要的作用。就信用卡服务合同而言，信用卡服务合同当事人基于信用卡服务合同如何履行附随义务等问题的判断，均可以从既有的服务习惯中寻找确定的依据。

金融业发展的过程也是积累服务经验的过程，丰富与成熟的服务经验可以提升行业地位和竞争优势，也可以提高经营效益，因此在日常经营中，机构非常重视并热衷于摸索和积累先进的管理经验。就信用卡服务业务而言，信用卡服务业务的发展历史较短，但是其发展的进度和成熟的程度已经远远超出了人们的想象。实践中，银行业金融机构针对信用卡业务开发探索了较为成熟的

---

① 高鸿钧等主编:《英美法原论》(上)，北京大学出版社 2013 年版，第 721 页。

操作流程，这些操作流程中包括了一些与信用卡服务经营者履行保护义务的具体方式相关的业务技巧。在信用卡服务合同当事人没有就信用卡服务经营者如何履行保护义务进行约定，法律也没有就信用卡服务经营者如何履行保护义务进行明确规定的情况下，同业信用卡服务经营者的成熟做法可以作为判断如何履行信用卡服务经营者保护义务的依据。例如，信用卡服务经营者在营业场所张贴的关于防止诈骗短信、谨慎向陌生人汇款的提示即是一种同业在长期开展业务中积累的行业习惯，具有参考性，可以作为履行相应保护义务的判断依据和标准。

在信用卡服务业快速发展的过程中，关于通过什么样的方式保护信用卡服务消费者权益，信用卡服务经营者进行了一定探索，并形成了一些经验和比较有效的做法。我国金融监管机构制定下发的规范信用卡业务的规范性法律文件，在一定意义上认可了行业习惯中存在的行为方式，这些行为方式可以作为确认信用卡服务经营者履行相应保护义务的具体判断依据，即“银行业金融机构应通过适当方式积极为客户提供信用卡账单通知和还款提醒服务”①。这里的“适当方式”应该理解为法律通过立法的方式，对行业习惯中存在的具体履行方式的认可与采纳。如果信用卡服务经营者能够按照同业的做法，履行相应的通知以及还款提醒服务，即认为信用卡服务经营者履行了对信用卡服务消费者知情权的保

---

① 参见《中国银监会关于进一步规范信用卡业务的通知》(银监发［2009］第60号)第2条第2款规定的有关内容。

护义务，则不再承担相应的违约责任。

（四）信用卡服务经营者履行保护义务的具体措施

为了有效保护信用卡服务消费者的合同权益，信用卡服务经营者在实践中可以采用如下措施：及时为客户更换安全系数较高的芯片卡、强化服务场所的安保措施、提高安保人员的任用标准、扩大服务场所服务人员的规模、加强对“钓鱼网站”的打击力度等。上述措施的实施，不仅有助于提高信用卡服务经营者的服务质量，同时可以作为认定其按照诚实信用原则最大限度履行保护义务的依据。

第三章

信用卡服务经营者附随义务之通知义务

“随着消费习惯的改变以及支付结算方式的变革，信用卡消费日趋普及，目前我国信用卡消费额在社会消费品零售总额中占比接近50%，信用卡已经成为我国居民日常生活中最主要的非现金支付工具”[①]。作为一种新型的金融工具，信用卡承载着众多的功能并显示了强大的资产管理功效。信用卡的这种功能聚合的优势，使其不仅得到信用卡服务消费者的“信赖”，而且在一定程度上造成“依赖”。在这样的情形下，可以说信用卡已经成为人们在新时期新类型的“钱匣子”。众所周知，人们对自己的钱匣子有权随时了解、知晓各种情况。那么对于新时期、新形势下的“钱匣子”，人们依然存在着这样的需求不仅是当然合理的，同时也应当是应该实现的。因为对于特定事项的告知、说明以及通知，对信用卡服务消费者的权益具有重要意义，是其自身权利的延伸和实现方

① 高民:《信用卡业务国际比较》，载于《中国金融》2015年第2期，第53页。

式。因此，信用卡服务经营者通知义务被我国立法所采纳，成为一项重要的法律义务。信用卡服务经营者通知义务在立法上的确定具有相应的理论来源，具有理论的正当性。但是在我国现行立法中，关于以特定信息的传递为内容的义务在不同的立法场合选择了不同的法律概念，是否有必要以及如何对这些概念做出取舍也是一个不可回避的问题。此外，我国《民法典》及相关法律法规中虽然对通知义务做出了明确规定，但是十分单薄、原则化，不具有可操作性，特别是在司法实践中，其在指导个案上所体现出来的缺少针对性的局限性已经非常明显。这也是相关纠纷层出不穷的重要外部原因。因此，应当探索并确立对信用卡服务经营者通知义务的内容进行准确确定的规则。在规则的指引和规范下进一步准确确定信用卡服务经营者通知义务的内容，并应当就如何对通知义务的内容进行限制做出具有较强操作性的规范。对于具有确定内容的信用卡服务经营者的通知义务而言，应该按照主动、及时、全面、真实、恰当的原则，分不同情形采取不同的具体措施予以履行。本章围绕上述问题展开详细的论述。

第一节　信用卡服务经营者通知义务的理论基础及立法概念选择

信用卡服务经营者通知义务并非理论自觉的产物，实践中的问题是产生相关理论的催化剂，在此基础上形成的理论成果有力地支撑了法律的发展与完善。我们首先来看一则案例①，通过对案例的思考来发掘现实中的问题，在此基础上理解相关的理论来源就更为容易。2004 年王某在某商业银行申请开办一张信用卡，《信用卡领用合约》对双方就申请、使用信用卡过程中的权利、义务的具体内容进行了约定。在王某使用信用卡的过程中，银行根据王某使用信用卡的情况对王某的信用额度进行了调整。在银行将王某的信用额度调整后，银行多次以邮寄的方式将信用卡的对账单（在对账单上明确记载了王某信用卡的信用额度）寄给王某。王某持续使用信用卡进行日常消费。至 2012 年王某发现自己的信用卡丢失并办理了挂失手续，但是在挂失前，该卡已经被不法分子盗刷。案发后，王某认为《信用卡领用合约》中关于商业银行可以擅自给信用卡增加信用额度的格式条款，属于加重信用卡服务消费者的风险、排除信用卡服务消费者主要权利的格式条款，银行应当提示客户对其注意。由于在签订信用卡服务合同的过程中，银行没有提示自己注意，所以该条款无效。信用卡服务经营者应该对擅自为客户王某提高信用额度而使王某遭受的损失承担相应的赔偿责任。

本案是因为信用卡服务合同消费者就信用卡服务经营者是否负有通知义务而引发。由此引发我们思考的第一个问题就是银行是否需要履行就特定事项的通知义务，这一义务是否具有理论基

① 参见张炜主编：《银行业法制年度报告》（2014），中国金融出版社 2014 年版，第 276 页。

础；同时又进一步提示我们，通知义务和说明、告知、提醒、提示以及信息披露是否属于同一义务。带着这些问题我们展开下面的研究。

一、信用卡服务经营者通知义务的理论基础

信用卡服务经营者通知义务的理论基础是指其在理论上的正当性。信用卡服务经营者通知义务的理论基础为合同当事人信息的不对称理论。“信息的不对称是现代契约理论中最重要的部分之一。信息不对称指的是这样的一种情况，即缔约当事人知道而另一方当事人不知道，甚至第三方也无法验证的信息，或即使信息能够验证，也需要花费大量的人力、物力和精力，在经济上是不合算的”。“事前的信息不对称将导致逆向选择，而事后的信息不对称将导致道德风险”。[①]为此，包括我国原《合同法》和现行《民法典》合同编均规定合同当事人应当遵循诚实信用原则的要求履行通知义务，以解决信息不对称带来的交易风险。信用卡服务经营者作为服务的提供方，不仅具有获得通知内容的角色和时间优势，同时基于其自身的强大技术服务能力也具有一定技术优势，因此要求其承担恰当、必要、准确、真实、易懂、及时的通知义务是合理的、正当的，符合合同正义、合同公平的原则，而且信用卡服务经营者承担通知义务符合合同正义由形式正义向实质正

① 张维迎:《博弈论与信息经济学》，上海人民出版社 1996 年版，第 396 页，转引自王伟:《金融服务者缔约说明义务研究》，法律出版社 2015 年版，第 51 页。

义发展的历史趋势和时代要求。因而，信用卡服务经营者应当承担通知义务，其承担通知义务具有理论上的正当性。

二、信用卡服务经营者通知义务立法概念的选择

我国现行立法中，关于信用卡服务经营者在日常经营中对特定信息进行传递的表述使用了多种法律概念，如通知、说明、告知、提示、提醒、披露等，但是集中体现为通知、说明、告知与披露。这种立法概念的人为选择虽然具有一定原因和理由，但是造成了对法律理解的障碍，因此有必要对上述概念进行比较与辨别，并在时机成熟的时候统一立法概念的使用。

（一）通知义务、告知义务抑或说明义务

信用卡服务经营者的通知义务，是指在信用卡服务经营者履行信用卡服务合同义务的过程中，依据法律的规定，按照诚实信用原则的要求，针对与信用卡服务合同相关的服务费用、服务方法、服务内容、卡内资金状况、卡片其他情况以及相关业务风险进行及时说明、告知、通知的义务。“通知义务，又被称为建议义务、说明义务、告知义务、报告义务、预告义务、警告义务等”[①]，是指负有通知义务的合同主体按照合同约定或者法律的规定，就与订立、履行、终止合同有关的特定事项予以说明、告知以及提

① ［德］海因·克茨：《欧洲合同法》（上卷），周忠海、李居迁、宫立云译，法律出版社2001年版，第177–178页。

示的义务。考察各国关于通知义务的立法例，均没有在法律规定中通过明确的法定条文对通知义务进行定义。立法体系比较先进的国家虽然在具体的部门法律中，针对具体业务领域中相关主体的通知义务做出了规定，但是多为针对具体合同类型以列举的方式就合同主体应当通知的事项加以明确，[①]即主要采取列举式而非概括式的立法例。通过将不同形态的通知义务予以列举，进而对通知义务的内涵和外延做出界定。以通知、说明、告知的方式事实上肯定了上述方式只是语言表述或是翻译习惯的不同，而在信息传递的目的、信息传递方式等内涵上并没有本质的区别。因此，本书认为虽然我国也存在上述情形，但上述情况的存在并不是为了表达不同的法律目的，所以分散于不同法律、行政法规、部门规章以及规范性文件中的以信息传递为目的的不同表达方式不具有本质上的不同，应该一致地理解为同一义务。但是，为了方便人们的理解和接受，减轻普法难度，可以就名称的统一问题提出建议，在相关法律、行政法规、部门规章以及规范性法律文件进行修改的时候一并做出调整。如果统一为通知义务，则有利于与我国现行《民法典》合同制度相协调，使我国不同的法律规定在概念上更具协调性和一致性。由此，本书也选择了通知义务的概念。

（二）通知义务抑或信息披露义务

信息披露义务是信息社会推动配套法律制度进步的重要制度

① 参见中国证券监督管理委员会组织编译：《日本金融商品交易法及金融商品销售等相关法律（中日文对照本）》，法律出版社 2015 年版。

表现，特别是在以公司法、证券法为重要组成部分的商法制度中，信息披露义务已经成为重要的热门研究课题。“各国对金融机构的信息披露义务大都作了一般性规定，既包括披露的时间、持续性要求，又有内容完整性的规定。”①信息披露义务和信用卡服务经营者的通知义务均为金融机构开展业务的过程中需要履行的法律义务，二者之间具有一定相似性，但是二者之间的区别更为明显和重要。下面我们分别讨论。

信息披露义务与通知义务之间的相似性表现在：其一，二者均是金融服务经营者在开展业务的过程中需要承担的法律义务；其二，二者均是以法律规定的特定信息的传递为内容的法律义务；其三，二者均是由法律明确规定的法律义务，即通知义务、信息披露义务均基于法律的明确规定而产生。义务人必须按照法律的强制性规定履行相应的义务，否则便构成对义务的违反，承担相应的法律责任。

信息披露义务与通知义务之间的区别主要体现在：其一，“通知义务基本上属于民事法律关系，受民法规范调整，需要法律做出明确规定，当然法律也可以通过规定行政监督部门的行政执法权对不履行通知义务的义务人给予一定行政处罚。而信息披露义务则是属于金融监管机关对金融机构要求的强制性监管规范”②。即通知义务更多地体现在民法的规定之中，而信息披露义务更多

---

① 张继红：《金融消费者权益保障热点法律问题研究》，中国政法大学出版社2014年版，第99页。

② 杨东：《金融消费者保护统合法论》，法律出版社2013年版，第196页。

地体现在监管法律中。其二，由于通知义务与信息披露义务源于不同的法律部门，违反通知义务的后果是产生民事法律责任，而违反信息披露义务的后果是导致因行政处罚产生的行政法律责任。其三，信息披露义务一般指信息持有人或信息掌握者将其所掌握的信息予以公示，至于他方当事人是否关注、理解、接受以及关注、理解、接受的程度则在所不问，而通知义务则强调信息弱势一方经由信息持有人提供和通知相关信息后对信息有了真切的理解，更关注信息接受人对信息的理解和接受的程度。

第二节　信用卡服务经营者通知义务的内容及除外情形

信用卡服务经营者通知义务的内容是信用卡服务经营者通知义务制度的核心问题，明确的义务内容不仅可以增强义务的规范性，同时也能减少实践中因为义务规范不明确而引发纠纷和争议的可能性。信用卡服务经营者通知义务的特殊性之一在于其并非在合同订立之初便已经确定，所以如何确定其义务的内容便成为首要和前提性的问题，这就涉及信用卡服务经营者通知义务内容确定规则的问题。在此基础上进一步探讨信用卡服务经营者通知义务的具体内容，具体内容是关于行为的具体要求，应当清晰、明确且具有可执行性。最后，本书又探讨了信用卡服务经营者应当承担的通知义务的例外情形，即对于哪些与信用卡服务相关的事项，信用卡服务经营者不再需要履行相应的通知义务。下面就上述三个问题逐一展开研究和分析。

一、信用卡服务经营者通知义务内容的确定规则

所谓信用卡服务经营者通知义务内容的确定规则，是指据以确定信用卡服务经营者通知义务的内容、通知义务的例外情形等具体问题的方法和操作规则。结合上文关于信用卡服务经营者保护义务的研究结论，通知义务与同为附随义务的保护义务的一个重要区别是通知义务的内容更为广泛，义务内容不易确定，义务内容呈分散状态。换言之，信用卡服务经营者在履行信用卡服务合同约定的义务以外，如何判断是否以及以何种方式在多大范围内向信用卡服务的消费者履行相应的告知、通知或者说明义务在实践中操作起来相对模糊、不易把握。所以，面对这些理论及实践问题的困扰，设计一套能够据以确定信用卡服务经营者在信用卡服务合同中承担的通知义务具体内容的确定规则，具有举足轻重的作用，确立这样一套规则能够相对有效地避免在实践中存在的因人而异的认定结论。

我国《民法典》第 509 条第 1 款和第 2 款就如何确定以及履行通知义务做出了原则性规定，当事人应当按照约定全面履行自己的义务。当事人应当遵循诚实信用原则，根据合同的性质、目的和交易习惯履行通知的义务。对于信用卡服务合同中负有通知义务的银行业金融机构而言，首先应当符合诚实信用原则的要求，结合合同的性质、目的以及交易习惯来确定通知义务的具体内容。

在确定银行负有的通知义务的具体内容的过程中，除了上述因素，应结合信用卡服务合同的司法实践以及有关的判例及学说的最新发展，参考合同主给付义务的内容、合同的类型、相关的社会政策等因素在确定信用卡服务经营者通知义务内容过程中的重要作用。关于确定告知义务内容的规则，具有代表性的为日本业界的做法，即“关于说明义务的内容，实务中一般认为，金融服务业者在进行销售劝诱时，应当根据金融消费者的年龄、职业、资历和金融交易方面的知识等条件，并就该交易所生的利益或风险对金融消费者进行确实信息的提供或说明”[①]。下面着重对合同的类型、合同主给付义务的内容、相关的社会政策以及信用卡服务消费者的自然情况加以论证。

（一）合同的类型

合同类型，是指按照一定标准将具有同质性的合同予以类型化的结果。类型化作为重要的研究方法有利于深化对问题的认识，不同类型的合同具有不同的特质，同类型的合同具有一定同质性。虽然合同附随义务不是仅仅适用于特定类型的合同，但是就确定合同附随义务的具体内容而言，合同的类型是重要的参考因素，合同类型的差异也会导致合同附随义务具体内容的差异。就信用卡服务合同而言，在信用卡服务合同的基础上可以进一步区分为单一功能的信用卡服务合同和复合功能的信用卡服务合同。所以，

---

① 大阪地裁：平成15年（2003年）11月4日，《判例times》1156号，第75-82页，转引自杨东：《金融消费者保护统合法论》，法律出版社2013年版，第181页。

在确定信用卡服务经营者所负有的通知义务时，应当结合合同的类型，这样有助于提高通知义务履行效果的质量，最大限度实现合同正义、促进合同公平。

（二）合同主给付义务的内容

合同主给付义务是合同的核心要素，又称为合同的要素条款。在一项具体的合同法律关系中，合同是否具有效力、合同是否得到全面适当履行及违反合同义务的违约责任都是围绕合同的主给付义务来展开的，所以确定合同附随义务的具体内容也不应该成为例外。而且，合同附随义务促使义务人更好地履行主给付义务，以及保护权利人固有利益的制度功能和规范价值，也决定了确定附随义务的具体内容应当参考合同主给付义务的内容。就信用卡服务合同而言，信用卡服务合同中约定的主给付义务的内容，直接决定了作为银行附随义务的通知义务的具体内容，通知的内容、通知的方式、通知义务的免除等内容均需要借助主给付义务的内容来予以判断。

（三）相关的社会政策

伴随着“契约社会化理论”以及“关系契约理论”的兴起与蔓延，“为社会政策、公法规定、道德规范等社会命题进入合同关系预留了切口”[①]。这种现象就是合同理论研究中所谓的合同理论研究

① 孙良国:《关系契约理论导论》，吉林大学2006年博士学位论文，第42页。

范式的现代转化，即合同理论研究范式由形式正义向实质正义的转化。这种转化要求确定合同附随义务内容的时候，不能继续保守地局限于“契约的内在规范”，还要参考“契约的外在规范”，[①] 即不能严格局限于具有形式意义的合同内容，还要对合同订立、履行以及解除过程中的语境做出适当的回应，最终实现实质的合同正义。特别是在对合同内容进行解释的过程中，应当合理地、恰当地参考与合同的订立、履行相关的外部因素。在众多的外部因素中，社会政策因其在政治、经济、社会、生活等领域中所具有的特殊功能而显得格外重要，准确理解和把握相关社会政策的精神与实质是确定合同内容的重要环节。因此，在确定信用卡服务经营者的通知义务的具体内容时，亦应当参考相关的社会政策，在此基础上进一步确定通知所涉事项的重点。根据信用卡服务经营者在长期的信用卡业务实践中积累的有关经验，需要参考社会政策确定信用卡服务经营者通知义务内容的情形比较多。如信用卡服务经营者应当承担将信用卡授信额度被使用时应支付的利息的计算标准，以及在合同存续期间计息标准发生变化时及时通知信用卡服务消费者的这一义务。之所以将计息标准及其变化情况纳入通知义务的范围，是因为国家金融政策规定利息作为一项宏观调控手段可以适时做出调整，以发挥其对经济的调节作用。这样，国家政策会影响合同内容并引起合同内容的变化，因此，在

① 参见［美］麦克尼尔：《新社会契约论：关于现代契约关系的探讨》，雷喜宁、潘勤译，中国政法大学出版社1994年版，第83页。

确定合同内容解释依据的时候，应当将社会政策纳入进来。由此，本书认为确定信用卡服务经营者通知义务的内容应当参考相应的社会政策，这样才能保证对义务内容的确定更为准确、合理、公平，才能更充分地体现并实现合同正义。

（四）信用卡服务消费者的自然情况

就信用卡申请主体而言，各国并没有对信用卡申请人的职业、学历、成长经历做出区别对待，而是采用信用卡申请面前人人平等的规则。这样，对于同一类信用卡而言，其用户可能从事各种职业、涵盖各层次学历等。但是客观地讲，不同的职业、不同的学历层次、不同的成长经历等因素会在一定程度上使人与人之间产生差别，如果对于所有的客户不加区别地“平等”服务，势必会产生“同样的服务不一样的服务质量”的效果。所以在确定信用卡服务经营者通知义务内容的过程中，应当参考以下几个方面的因素：

第一，信用卡服务消费者的消费经历。比如对于长期使用信用卡服务消费的客户与首次使用信用卡服务消费的客户，在就信用卡使用中的有关事项进行说明、告知以及提醒的过程中，其程度自然会有所区别。在提醒信用卡服务消费者保存信用卡使用密码的事项上，对于长期使用信用卡服务消费的客户，即使不予告知，其基于以前的消费经历也已经知晓保护信用卡使用密码的重要性，而对于首次使用信用卡服务的客户而言，一定要充分告知信用卡使用密码的重要性，否则可能因为其对使用密码的重要作用不知晓而遭受财产损失。因此，确定信用卡服务经营者通知义务的具体内容时应当结合信用卡服务消费者对于特定信用卡服务的消费经历。

第二，信用卡服务消费者的职业背景。信用卡服务消费者作为普通社会成员都有自己的职业，特定职业为相应的职业者接触和学习特定的社会常识提供了机会。因此，信用卡服务经营者在履行信用卡服务合同中的通知义务的场合，应该结合信用卡服务消费者的特定职业背景来判断通知义务的内容。一个显而易见的道理：对一个具有长期银行工作经历的人员，告知其妥善保护信用卡使用密码的做法，是一件多余的事情，因为长期的银行工作经历使其知道如何正确使用以及管理信用卡可以使自己免受财产损失。相反，对于在偏远山区以放牧为业的牧民，提供信用卡服务的银行业金融机构及其从业人员有义务向其充分说明保护信用卡使用密码的重要性，以及如何使用才能避免遭受财产损失。所以，在确定银行业金融机构向信用卡服务的消费者履行通知义务的内容时，信用卡服务消费者的职业背景是重要的参考因素。信用卡服务经营者通知义务的内容，可以视信用卡服务消费者的职业背景而有所差异。

第三，信用卡服务消费者的学历层次。九年义务教育是我国的基本教育制度，按照其制度要求，接受小学至初中的九年教育是每一位公民的义务，当然也是每一位公民的权利。在完成九年义务教育的学业后，每一个人有权利就自己的未来进行选择，可以选择继续读书，可以选择工作，当然也可选择创业。总之，这种对人生发展路径的选择最终导致了人与人之间在客观上存在学历层次的差异。选择继续读书的人可能会读高中、大学、研究生，选择工作的人，其学历层次可能永远停留在初中生的水平。虽然人的能力未必会随着学历层次的分化而有高低之分，但是学历层次的差异确实是客观存在的。仅就一般概率而言，学历层次较高的人，不仅更有可能掌握丰富的理论文化知识，而且具有较强的自我学习能力，学历层次较低的人，可能理论文化知识匮乏，而且缺少自我学习的意识，这就导致人与人之间生活习惯上的差异。养成自我学习意识的人，在生活中会有更多的兴趣研究新生事物，因而对新生事物掌握较多的信息；缺少自我学习意识的人，却常常没有足够的兴趣研究新生事物。就信用卡服务而言，具有较强学习能力的人接触这一事物后会认真学习有关注意事项，并关注在信用卡服务消费过程中应当注意的问题，而避免遭受不必要的损失。相反，对于缺少自我学习意识的人，可能不会将更多的精力投入到如何妥善和有效利用信用卡有关常识的学习和掌握上，因而有时会因缺乏经验以及使用常识而遭受一定损失。所以，作为信用卡服务经营者的银行业金融机构，应该结合人们的学历层次给予不同标准的服务，即在履行信用卡服务合同中的通知义务的场合，应当结合信用卡服务消费者的学历层次，分别确定通知义务的具体内容。

二、信用卡服务经营者通知义务的具体内容

信用卡服务经营者通知义务的具体内容，是指信用卡服务经营者在提供信用卡服务的过程中，遵循诚实信用原则的基本要求，并按照恰当、必要、准确、真实、易懂、及时的原则，应当通知的具体事项。本书结合实践经验尽可能地归纳了需要以及可能的通知事项，并对其进行一定程度上的抽象和分类。

（一）反复提示信用卡服务合同条款义务

信用卡服务经营者向信用卡服务消费者反复提示信用卡服务合同条款的必要性，是基于以下两点理由：其一，信用卡服务合同的条款是信用卡服务合同当事人权利、义务的集中体现，且信用卡服务合同条款由信用卡服务经营者精心设计，所以对信用卡服务合同条款的说明、解释、提醒等，对于信用卡服务消费者具有重要意义，其影响甚至决定着信用卡服务消费者如何及能否按照自己的真正目的正确使用信用卡；其二，信用卡服务合同的内容分散在领用合约、信用卡章程等之中，且在领用合约中，相关条款不仅字体小，而且内容相当繁多细致，实践中很少有消费者仔细研读。因此，要求信用卡服务经营者反复提示相关条款是必要的。

虽然从信用卡服务经营者与信用卡服务消费者为订立信用卡

服务合同而进行磋商、接触之际，便开始产生说明、提示、解释等义务，但是对于属于附随义务性质的合同条款的告知、说明以及提醒义务而言，并不包括在合同缔结、磋商之际所负有的说明、告知以及提醒等义务。具有附随义务性质的告知、说明以及提醒义务，是指信用卡服务经营者在为信用卡服务消费者提供特定的信用卡服务的过程中，有结合所办业务的性质，告知、说明与该业务具有直接关联的合同条款的义务。这包括信用卡服务合同中关于特定业务办理流程、办理费用等事项予以着重说明、提示信用卡服务消费者注意的义务。例如，信用卡服务经营者为持卡人办理转账汇款业务时，应当告知其合同条款中关于转账、汇款办理规则、手续费用收取标准等条款内容。特别是在合同中已经就转账、汇款过程中可能存在的风险以注意事项的方式予以提示的内容，在办理具体业务的过程中，应当当面再次进行提示、说明、告知可能存在的风险。在充分告知有关条款的前提下，如果持卡人明确表示继续办理相关业务，即使客户因为该业务受到损害，提供信用卡服务的银行业金融机构不负有赔偿损失的民事责任。

（二）告知信用卡使用方法的义务

信用卡服务不同于传统的金融服务产品，信用卡服务是电子技术、信息技术与金融业务结合的新生事物，其在具备传统金融服务产品基本属性的同时，还具有较高的技术含量。信用卡服务技术依附性的特点，对信用卡服务的消费者提出了更高的要求，需要其掌握信用卡的使用方法。例如，开通网上银行的信用卡服务消费者应当掌握网上银行的使用方法。可见，对于特定的银行卡业务而言，使用方法已经成为决定信用卡服务消费者能否实现订立信用卡服务合同目的的重要因素。因此，信用卡服务经营者将使用特定信用卡功能的方法告知信用卡服务消费者，是其重要的合同义务。信用卡服务消费者在使用信用卡服务的过程中，有权利要求信用卡服务经营者向其讲授如何使用信用卡的方法和技巧，信用卡服务经营者有义务向客户讲授信用卡的使用方法。这一义务在实践中得到信用卡服务经营者的遵守和执行。例如，持卡人持信用卡在 ATM 机办理取款业务时，ATM 机会通过自助语音的方式提示使用信用卡的步骤及注意事项，确保信用卡服务消费者能够顺利接受信用卡服务并避免在信用卡服务消费过程中可能存在的风险。又如，对于信用卡服务的申领人，柜面服务人员一般会就新申领的信用卡如何开通、使用以及注销予以详细说明，这就是在履行法律规定的具有附随义务性质的通知义务。

（三）告知业务风险及防范技巧的义务

现代金融服务与传统金融服务相比，不仅服务的种类和内容有了革命性的改变，在业务风险上也具有不同的表现。这里所说的业务风险不同于一般商业风险，而是一种使用风险，即金融服务的使用人在接受金融服务的过程中经常会伴随着一定使用风险，如果使用方法或管理措施不当，可能会遭受一定财产损失。因此，各国监管机构在制定银行业务以及银行经营行为监管规范的过程中，都会通过强制性的规定要求银行承担一定法定义务，即将相关的产品以及服务使用的风险向服务消费者充分告知，由消费者结合自身情况自行决定是否接受和使用具有较高使用风险的金融服务以及产品。

信用卡服务是具有较高使用风险的金融服务产品，通过每年因使用伪造信用卡而引发的大量信用卡纠纷便可以得到印证。[①]我国因信用卡盗刷而引发的纠纷呈逐年上升趋势，且绝对数字非常大。信用卡服务的使用风险，往往为侵害行为人利用技术实施侵害行为提供了机会。如侵害行为人利用侧录工具获取持卡人的基本信息，再利用获得的信用卡所有人的核心信息成功伪造信用卡，并进一步使用伪造的信用卡实施侵害行为。使用风险的客观存在是因为技术永远处于不断被超越的客观事实，但是如果信用卡服务使用人能够按照银行开发的使用方法予以使用，并对核心信息采取妥善的保护措施，依然可以减少乃至避免使用中可能存在的风险。作为信用卡业务的主要开发者和经营者的商业银行，相对信用卡服务消费者的客户而言，更有能力掌握技术进步的情况和风险状况。所以，为了确保信用卡使用人的合法权益免受因信用卡的使用而造成的风险危害，信用卡服务的经营者负有就信用卡的使用中存在的风险予以说明、告知和提示的义务。

（四）账户信息发生变动及时告知义务

信用卡作为重要的信用支付工具，具有代替现金进行交易的

① 金某某诉中国农业银行上海市宝山区罗店支行等财产损害赔偿案，http://www.pkulaw.cn/case/pfnl_117614725.html?keywords，最后访问时间：2015年9月13日。

重要功能。信用卡服务经营者应当在信用卡发生交易以及账户其他相关信息发生变动时，将这些情况告知信用卡服务消费者。实践中，信用卡服务经营者因没有及时将账户变动情况通知信用卡服务消费者而引发纠纷的情形已有发生。① 按照该义务的要求，信用卡服务经营者在信用卡服务消费者拥有的信用卡账户发生变动时，包括因发生交易而引起的账户内资金的变动、持卡人身份信息的变动等情况，均要及时通知信用卡服务消费者。此外，信用卡服务经营者还应当对是否有其他额外手续费以及迟延费等情况进行通知。这种通知不应当是一次性的，而是持续性的通知义务，且这种通知义务与迟延费等是否受法律调整属于两个法律问题。②

三、信用卡服务经营者通知义务的除外情形

为了保护信用卡服务消费者的合法权益，避免信用卡服务消费者因信用卡服务而遭受财产及人身权益的损失，法律要求信用卡服务经营者在信用卡服务合同中承担具有附随义务属性的告知义务。但是在信用卡服务经营者承担告知义务的同时，也应当明确这种告知义务存在一个合理的限度。否则会无限制地增加信用卡服务经营者的负担，有“矫枉过正”的嫌疑，很可能导致因对平

---

① 陈某某诉中国工商银行股份有限公司分宜支行储蓄存款合同纠纷案，http://www.pkulaw.cn/case/pfnl_121903972.html?keywords，最后访问时间：2015 年 9 月 13 日。

② Seana Valentine Shiffrin, “Are Credit Card Late Fee Unconstitutional” , 15 *William and Mary Bill of Rights Journal*(2006),pp.1–44.

等的过度追求而产生对市场自由的侵害。这就是所谓的信用卡服务经营者在信用卡服务合同中所负通知义务的有限性。

结合信用卡服务业务的有关经验以及国外的有关立法经验，信用卡服务经营者在信用卡服务中承担的告知义务在如下几种情形下可以得到限制：

（一）具有专门知识和经验的“特定客户”

“日本《金融商品销售法》第3条第4款规定了金融业服务者承担说明义务的例外情形：（1）具有关于金融商品销售的专门知识和经验的‘特定顾客’者”[①]。对“特定客户”与“普通客户”的区分保护，体现了法律对处于弱势地位的金融服务客户的倾向性保护。就信用卡服务而言，信用卡服务经营者在具体的信用卡服务法律关系中，对于具有专门知识和经验的专业客户没有必要重复履行告知义务。因为对于信用卡服务经营者拟告知的事项，作为信用卡服务消费者的专业客户早已知晓。但是，对于信用卡服务中新出现的义务规则和与信用卡服务有关的新的义务事项，还是需要及时通知的。

（二）信用卡服务消费者明确拒绝告知义务

有些信用卡服务消费者在订立信用卡服务合同时，明确表示拒绝信用卡服务经营者就特定事项向其告知。例如，信用卡服务

① 杨东：《金融消费者保护统合法论》，法律出版社2013年版，第183页。

经营者在信用卡服务合同关系存续期间，会就信用卡账户内资金的变动情况、账单等事项通过电子邮件的方式告知信用卡服务消费者，但是有些消费者为了不受通知电子邮件的打扰，明确拒绝接收相关电子邮件的发送以及通知服务。在这种情况下，信用卡服务经营者可以不再履行关于信用卡账户内资金变动情况的通知义务，如果就特定事项信用卡服务经营者因信用卡服务消费者明确拒绝而没有履行告知义务，且导致信用卡服务消费者遭受损失的，信用卡服务经营者不负有赔偿损失的民事责任。

（三）客户提供虚假联络方式及通信地址

在日常生活中，信用卡服务消费者常常向信用卡服务经营者提供虚假的联络方式或虚假的通信地址，或者在申请办理信用卡服务业务时留存的联系方式和联络地址于事后进行变更，但是没有将变更的结果及时告知信用卡服务经营者，导致信用卡服务经营者事实上无法就特定事项履行通知义务。在这种情形下，信用卡服务经营者不再负有履行信用卡服务合同的通知义务。如果要求作为信用卡服务经营者的银行履行这样的通知义务无异于给银行增加了无法完成的负担，有失公平。

总之，作为信用卡服务经营者的银行业金融机构，在信用卡服务合同关系中就特定事项向信用卡服务消费者负有通知义务，这有利于保护信用卡服务消费者合法权益不受损害并增进信用卡服务质量的提升。但是，通知义务并非没有边界的绝对义务，在符合法律规定的条件或者法定情形下，信用卡服务经营者的通知义务得以免除。对信用卡服务经营者课以通知义务以及通知义务的免除，最终都是基于公平交易这一《民法典》合同制度的基本原则，是对信用卡服务合同关系的双方当事人的利益进行平衡的结果和要求。

第三节 信用卡服务经营者通知义务的履行

虽然义务的确定性很重要，但是确定的义务能够得到履行更重要。“合同法的作用正是在于，以法律所具有的特殊强制力，保障合同当事人正确履行合同，使合同关系归于消灭，通过合同关系的不断产生、履行和消灭，实现社会经济流转。”[①]“因此可以说，合同履行是其他一切合同法律制度的归宿或延伸。”[②]信用卡服务经营者与信用卡服务消费者之间因信用卡的申请、使用以及注销而发生的纠纷，很多是因为信用卡服务经营者没有履行通知义务而引起的。如信用卡服务经营者未将电子账单及时通知信用卡服务消费者，对于犯罪分子利用“钓鱼网站”进行诈骗而没有及时告知等案例在实践中均有发生。[③]而借助于明确信用卡服务经营者通知

① 王家福主编:《中国民法学·民法债权》，法律出版社 1991 年版，第 385 页，转引自韩世远:《合同法总论》(第三版)，法律出版社 2011 年版，第 233 页。

② 苏惠祥主编:《中国当代合同法论》，吉林大学出版社 1992 年版，第 146 页，转引自韩世远:《合同法总论》(第三版)，法律出版社 2011 年版，第 234 页。

③ 参见中国人民银行金融消费权益保护局编著:《金融消费权益保护典型案例》(2013)，中国金融出版社 2014 年版，第 29、37 页。

义务的履行方式、履行程度等履行规则，可以有效避免因通知义务的违反而产生的法律纠纷。这样，当出现信用卡服务经营者没有履行附随义务的情形时，可以为正确判断其是否构成对通知义务的违反提供相应的依据。

一、信用卡服务经营者通知义务的履行原则

信用卡服务经营者履行通知义务的原则，是指信用卡服务经营者在履行信用卡服务合同中的告知、说明、通知、提醒等义务时，应当达到的标准和要求。明确具体的履行原则不仅可以有效指引信用卡服务经营者如何履行通知义务，同时也是衡量其是否履行通知义务的重要标尺。

（一）关于通知义务履行原则的国外立法借鉴

为顺应金融混业经营的业务模式发展方向，国外关于金融机构在开展业务中所负的通知义务均开始进行统合性的立法，即针对所有金融业务进行统一立法。因此，对信用卡服务经营者通知义务履行原则的规定，也体现于金融服务业务经营机构通知义务履行原则的规定之中。日本就金融机构履行说明义务的原则做出了明确的要求，即“一般认为以大多数人的理解程度为基准，因此判断金融机构履行说明义务是否恰当，必须以一般知识水平的金

融消费者能够理解金融商品为准”。[①]一些国际组织在发布相应指导性文件的过程中，对此也做出了规定。如 2011 年 10 月 G20 巴黎峰会通过的经济合作与发展组织牵头起草的《金融消费者保护高级原则》（*High-level Principles on Financial Consumer Protection*）中关于“原则”部分的内容，其中第 4 项“信息披露和透明度”的有关内容指出，金融机构和授权代理机构在和消费者接触的各个阶段都应向消费者披露“必要”的信息，所有金融产品宣传材料应“准确、真实、易懂，且不含有误导性经验信息”。世界银行于 2012 年 6 月发布的《金融消费者保护的良好经验》（*Good Practices for Financial Consumer Protection*），其中第二部分在介绍金融消费者保护制度所共同具备的 39 条基本良好做法中述及的内容为，产品或服务概要应字迹清晰，语言通俗易懂，参照行业标准的要求，向消费者提供“不少于最低限度”的产品和服务相关描述，金融机构应“尽早”给客户发送个人通知单，告知利率、服务费和手续费变动，金融机构应“及时”更新和维护客户的消费记录，并“及时”向客户免费提供或收取少量必要费用提供这些记录。

综上所述，国外有些国家的立法规定以及相应国际组织的规范性文件，对包括信用卡服务经营者在内的金融服务经营者通知义务的履行原则，可以归纳为恰当、必要、准确、真实、易懂、及时几项原则。这些原则对于规范金融服务经营者的行为确立了明确的判断标准，同时上述原则的贯彻与否，也成为不同国家金

① 杨东:《金融消费者保护统合法论》，法律出版社 2013 年版，第 183 页。

融业发展过程中是否引发特定纠纷发生的一个制度因素。这一点从英国与美国就说明义务所采取的不同立场可以得到一定程度的印证和说明。①

（二）我国通知义务履行原则的立法要求

我国银行卡业务监管规范关于信用卡服务经营者在提供信用卡服务的过程中应履行的通知义务所要达到的程度做了规定。如《银行卡业务管理办法》第52条第（二）项，“发卡银行对持卡人关于账务情况的查询和改正要求应当在30天内给予答复”；第（三）项，“按月向持卡人提供账户结单”；第（四）项，“发卡银行向持卡人提供的银行卡对账单应当列出以下内容：1.交易金额、账户余额（贷记卡还应列出到期还款日、最低还款额、可用信用额度）；2.交易金额记入有关账户或自有关账户扣除的日期；3.交易日期与类别；4.交易记录号码；5.作为支付对象的商户名称或代号（异地交易除外）；6.查询或报告不符账务的地址或电话号码”；第（六）项，“发卡银行应当在有关卡的章程或使用说明中向持卡人说明密码的重要性及丢失的责任”等。通过上述规定，可以归纳出我国信用卡服务经营者在提供信用卡服务的过程中，履行通知义务应当遵循如下的原则要求，即主动、及时、全面、真实、恰当的要求。上述条文中关于“应当”的表述就是主动的要求，信用卡服务经营者需要主动将相关信息予以告知；上述条文中关于

① 王伟：《金融服务者缔约说明义务研究》，法律出版社2015年版，第57–67页。

"30 天、按月"的时间表述就是关于及时的要求，信用卡服务经营者应当按照法定时限的要求及时通知相关信息；上述条文中将所需告知信息的逐一列举就是关于全面的告知的要求；上述条文关于交易记录号码、交易日期与类别的要求就是真实的要求；上述条文要求信用卡服务经营者在章程或使用说明中关于密码重要性的告知就是关于恰当的要求。因此，信用卡服务经营者在履行通知义务的过程中，应当按照主动、及时、全面、真实、恰当的原则来履行相应的通知义务，并在这一原则的指引下选择附随义务的具体履行方式。

二、信用卡服务经营者通知义务的履行方式

信用卡服务经营者通知义务的履行方式，是指信用卡服务经营者通过什么样的行为将特定事项、信息传递给信用卡服务消费者。随着科学技术的不断发展与进步，人类改造自然的能力和手段也不断丰富，因此在行为上具有了更多的选择权。这一点在信用卡服务经营者通知义务的履行上主要体现为履行方式的多样化，但是这种多样化的履行方式也体现了信用卡服务经营者附随义务的特点，即其在履行中具有较强的技术依附性。下面我们分别来探讨一下具体的履行方式。

（一）口头表达的方式

借助于口头表达方式履行通知义务在实践中比较灵活、方便，

因而在信用卡业务实践中比较受到信用卡服务经营者的青睐。就传递信息的功能而言，口头表达方式的优势较为明显，因其并未被法律禁止，所以借助口头表达方式履行告知义务应产生与书面通知一样的法律效果，即口头通知应为有效通知。但是，口头表达方式的缺陷在于一旦因是否就特定事项履行告知义务而产生纠纷时，经常出现“空口无凭”的尴尬局面，所以在实践中信用卡服务经营者往往针对口头表达方式的缺陷，通过电话录音的方式予以弥补。当就是否履行告知义务发生纠纷时，可以借助录音回放而断定信用卡服务的经营者是否已经履行了就特定事项的告知义务。

（二）书面表达的方式

书面表达的方式，是指在信用卡服务经营者向信用卡服务消费者提供信用卡服务的过程中，将特定事项记载于书面并交由信用卡服务消费者签字，确认其知晓相关内容的一种通知方式。书面表达方式是一种非常严谨且传统的履行告知义务的方式。书面表达方式的优势在于，当信用卡服务经营者与信用卡服务的消费者因是否就特定事项履行通知义务发生争议时，经过合同当事人确认的书面告知材料可以作为认定事实的证据，有利于司法裁判机关查清事实，所以书面告知方式成为信用卡服务经营者履行告知义务的主要且最重要的方式。

（三）数据电文的方式

数据电文是数字通讯技术发展的产物。数据电文的广泛利用极大地促进了人类的交往效率，同时也大大提高了人类商业交往和贸易往来的效率，所以，无论是我国原《合同法》还是《民法典》均对其做出了积极回应。我国原《合同法》第 11 条规定，书面形式是指合同书、信件和数据电文（包括电报、电传、传真、电子数据交换和电子邮件）等可以有形地表现所载内容的形式。我国《民法典》在原《合同法》规定的基础上，在第 469 条第 3 款规定，以电子数据交换、电子邮件等方式能够有形地表现所载内容，并可以随时调取查用的数据电文，视为书面形式。根据《民法典》上述规定，数据电文的方式，是指以电子数据交换、电子邮件等方式能够有形地表现所载内容，并可以随时调取查用的信息表达方式。近年来，电子数据交换技术取得了一定发展，新的电子数据交换技术开始得到广泛应用，比较有代表性的就是以手机微信等为主的电子数据传输手段。特别是手机快速的普及、手机功能的不断丰富，电子数据方式的便捷性、及时性得到人们的肯定和欢迎。所以，对于信用卡服务经营者在信用卡服务合同中以数据电文的方式履行通知义务的做法应该得到肯定和认可。

第四章

信用卡服务经营者附随义务之保密义务

“保密义务，是指契约当事人负有将通过契约关系而了解到的对方的秘密予以保密的义务。”①信用卡服务经营者作为信用卡服务消费者的合同相对方，应当按照《民法典》关于保密义务相关规定确立的基本规则承担相应的保密义务。首先，契约间的默示条款理论为信用卡服务经营者承担相应的保密义务提供了有说服力的理论依据，在这一理论的指引下，英国、美国均结合本国的实践进行了演示，并取得了成功。虽然我国相关立法起步较晚，但是对这一理论共识也做出了相应的立法确认，为信用卡服务经营者承担相应的保密义务提供了法律依据。其次，信用卡服务经营者的保密义务应当具有明确的内容，这是义务得以全面适当履行的前提和基础。因此，我们需要按照一定规则确定信用卡服务经营者的保密义务。此外，保密义务不能绝对化，应当允许存在例

① 侯国跃:《契约附随义务研究》，西南政法大学2006年博士论文，第185页。

外的情形，在特定情形下信用卡服务经营者的保密义务得以免除。最后，信用卡服务经营者保密义务的履行是实现其制度价值的重要手段，信用卡服务经营者在履行保密义务的过程中，应当遵循周全保密与严格保密的两项原则并选择适当的措施。本章重点围绕信用卡服务经营者保密义务的理论来源及我国现行立法关于保密义务的确认，信用卡服务经营者保密义务的内容及其例外情形，信用卡服务经营者保密义务的履行展开研究。

第一节　信用卡服务经营者保密义务的理论来源及我国立法确认

信用卡服务经营者的保密义务，是指信用卡服务经营者在开展信用卡服务业务的过程中，对与其建立信用卡服务合同关系的客户，就办理业务的过程中所获取、掌握的关于客户的信用卡账户、信用卡交易以及相关情况的信息予以保密的义务。信用卡服务经营者保密义务是银行等金融机构保密义务在信用卡服务法律关系中的体现。“银行保密制度经过英美等国判例法、普通法的确认和发展，目前已成为世界各国银行业务法的重要组成部分。”[①]由此引发的一个问题是，包括信用卡服务经营者在内的银行为什么

① 李仁真主编:《欧盟银行法研究》，武汉大学出版社，第176页，转引自谈李荣:《英美银行保密义务规则的冲突与制衡》，载于《河北法学》2004年第10期，第130页。

要承担保密义务，是否具有一定理论基础，即保密义务的理论来源问题。我国民法的合同制度是否在法律规定中接受和吸纳了合同当事人的保密义务，即信用卡服务经营者承担保密义务是否具有相应的法律依据等问题。因此，本节就上述两个问题展开讨论，即信用卡服务经营者保密义务的理论来源以及我国关于信用卡服务经营者保密义务是否做出了立法确认。

一、信用卡服务经营者保密义务的理论来源

为客户保守秘密是金融服务行业开展业务的重要从业准则，世界各国比较著名的商业银行都以为客户保守秘密的程度和保守秘密服务的质量作为争取客户的重要举措。[①] 例如，瑞士银行就因能够替客户严格地保守金融活动信息的秘密而闻名于世，也正因为如此严格的保密规则，赢得了世界范围内广泛而有实力的客户，十分有力地支撑了瑞士银行的业务。在我国，“为客户保密”已经成为我国金融机构开展业务的基本经营规则。但在当下被高度重视的保密义务并非一开始就存在，从理念萌生到制度落实也经历了一个相当长的过程，即从理论到实践的过程。信用卡服务经营者保密义务的理论来源主要是指其作为一项民法合同制度时的正当性的理论基础。

① 根据哈里斯互动调查（Harris IntercatIve）在 2005 年做的一项全球市场调查，个人信息和交易信息丢失已经成为全球消费者最为关注的问题，参见李丹丹：《个人信息保护与信用卡交易安全》，载于《经济研究导刊》2014 年第 20 期，第 298 页。

信用卡服务经营者保密义务为银行保密义务在信用卡服务领域的具体化，其深层的理论来源是银行保密义务为契约间的默示条款的理论。关于银行保密义务的契约间的默示条款理论，可以概括为起始于英国的图尔尼尔案，成熟于美国的彼特森案。经过上述两个案例，契约间的默示条款理论得以成型。“其逻辑推理思路为：银行与客户间的契约包括明示的或默示的义务。从客户利益的角度来考虑，客户自然愿意在契约中明确表明，未经其许可银行不得披露其个人信息。然而，考虑到银行与客户间缔约力量的不平衡，一位普通的客户通常难以获得这种明示条款以保护其金融隐私权。然而，虽然缺乏对客户信息保密的明示条款，但法院认可双方契约间存在银行对客户负信息保密的默示条款。正是银行与客户间契约的默示条款，确认了未经客户许可，银行不得向第三方透露客户的账户等信息。”①上述分析结论告诉我们，信用卡服务经营者保密义务的理论来源为契约间的默示条款理论，这一理论合理地解释和有力地支持了信用卡服务经营者应当承担对消费者的保密义务。

二、我国关于信用卡服务经营者保密义务的立法确认

我国《民法典》第 509 条第 2 款规定，“当事人应当遵循诚信原则，根据合同的性质、目的和交易习惯履行通知、协助、

---

① 谈李荣：《英美银行保密义务的理论渊源及其演进与发展》，载于《社会科学研究》2003 年第 6 期，第 90 页。

保密等义务”。该条规定从民法上规定了合同当事人负有保密义务的内容。根据这一规定确立的基本精神，信用卡服务经营者作为信用卡服务合同关系中的一方当事人，承担相应的保密义务，具有基本法基础。遗憾的是，我国目前还没有关于信用卡业务的专门立法，因此，本书想通过对法律以外的行政法规、部门规章以及其他规范性文件中关于信用卡服务经营者保密义务规定的归纳和比较入手。因为在没有法律规定的情况下，相关的行政法规、部门规章以及其他规范性文件，在实践中对于认定信用卡服务经营者保密义务具有重要的参考和借鉴意义。《储蓄管理条例》第 5 条第 2 款规定，“储蓄机构办理储蓄业务，必须遵循‘存款自愿，取款自由，存款有息，为储户保密’的原则”；《中国人民银行关于执行〈储蓄管理条例〉的若干规定》第 3 条规定，“储蓄机构办理储蓄业务必须遵循‘存款自愿、取款自由、存款有息、为储户保密’的原则”；《银行卡业务管理办法》第 52 条规定，“发卡银行对持卡人的资信资料负有保密的责任”；《电子支付指引》（第一号）第 27 条第 2 款规定，“银行应依法对客户的资料信息、交易记录等保密。除国家法律、行政法规另有规定外，银行应当拒绝除客户本人以外的任何单位或个人的查询”；《中国银监会关于进一步加强银行卡服务和管理有关问题的通知》第 3 条规定，“各银行业金融机构应当加强对银行卡持卡人账户信息的保护”；《中国银监会关于进一步规范信用卡业务的通知》第 4 条规定，“银行业金融机构对本机构在发卡营销过程中获取的客户个人信息负有保护信息安全的义务”；等等。结合上述内容，本书认为金融服务提供者对于在开展业务的过程中所知悉以及获取的客户信息，负有严格的保密义务。信用卡服务经营者作为金融服务机构的重要组成部分，所负有的保密义务可以当然地被认为得到了我国立法及行业规范的确认，信用卡服务经营者对其消费者应当负有保密义务。

第二节 信用卡服务经营者保密义务的内容及除外情形

如何理解并准确确定信用卡服务经营者保密义务的内容，不仅决定保密义务的履行效果，同时也是保密义务的原则规定在司法实践中能否得到有效适用的重要前提。如果一项义务关于行为要求的最基本内容都无法得到确定，那么无论是义务主体还是对因义务履行而产生纠纷进行裁决的主体，面对这样一项义务都会束手无策。保密义务规定方式的高度抽象性与生活实际的无穷多样化的现实，客观上要求我们探索一套有效确定信用卡服务经营者保密义务内容的方法，并在这一方法的运用下确定信用卡服务经营者保密义务的具体内容。同时保密义务的内容不是无限的，应该有一定限度，这就是保密义务的除外情形。本节就围绕保密义务内容的确定规则、保密义务的具体内容、保密义务内容的除外情形展开研究。

一、信用卡服务经营者保密义务内容的确定规则

信用卡服务经营者在提供信用卡服务的过程中需要承担对哪些事项的保密义务，应当按照一定方法来确定，这些关于确定信用卡服务经营者保密义务内容的方法构成了相应的确定规则。

（一）信用卡服务经营者保密义务内容确定规则的必要性

我国《民法典》就附随义务制度所采用的抽象的立法技术客观上决定了将其具体化是其司法适用的前提，带有典型附随义务性质的保密义务也是如此。信用卡服务经营者所承担的具有附随义务性质的保密义务的立法依据，是《民法典》第 509 条第 2 款关于合同附随义务所做的原则性规定。虽然这种原则性的规定为该条款在实践中的广泛适用提供了可能和空间，但是也成为摆在司法裁判者面前必须解决的前提性问题。即首先需要解决如何确定保密义务的具体内容，才能将其适用于解决具体的信用卡纠纷。因此，信用卡服务经营者保密义务内容的确定规则，在具体信用卡服务合同纠纷的法律适用中具有重要的制度功能和制度价值，即“必须从立法上针对信息分享可能造成的问题加以规范，有必要确立保密义务规则，以此来保护消费者个人信息和隐私权”①。提炼确定保密义务内容的具体规则

① 杨东:《金融消费者保护统合法论》，法律出版社 2013 年版，第 198 页。

具有一定必要性。

（二）确定信用卡服务经营者保密义务内容的具体规则

确定信用卡服务经营者保密义务的具体规则，是指在确定信用卡服务经营者保密义务内容的过程中应该遵循的步骤与方法。包括信用卡服务合同在内的合同条款经常会出现理解不统一甚至是相互矛盾的情形，从而导致纠纷的发生。在这种情况下，需要对引起争议的合同条款进行解释，而在解释过程中要按照一定方法和步骤来进行，这样才能保证得出的结论具有客观性和规范性。为此，我国《民法典》第466条第1款规定："当事人对合同条款的理解有争议的，应当依据本法第142条第1款的规定，确定争议条款的含义。"而《民法典》第142条第1款规定："有相对人的意思表示的解释，应当按照所使用的词句，结合相关条款、行为的性质和目的、习惯以及诚信原则，确定意思表示的含义。"可见，我国在合同立法的过程中，已经预见到了实践中可能会发生按照既存合同条款无法确定合同当事人权利义务内容的情形，因此，以法定的方式确定了对当事人权利、义务内容如何进行确定的法定规则。但是，这一规则是站在整个合同领域，如何针对信用卡服务合同的特殊性来规范对信用卡服务合同当事人权利、义务内容的确定，就成为信用卡服务合同领域的问题。

信用卡服务经营者的保密义务是信用卡服务合同中的一项具体义务，由于其具有附随义务的属性，即不是基于当事人的约定而产生，而是伴随着合同的履行而产生，所以对于信用卡服务经营者应当在多大的范围内负有保密义务经常存有争议，需要按照一定规则来确定。本书认为，判断信用卡服务经营者保密义务内容的规则和方法应当由以下内容构成：

第一，应当确定一个相对具体的认定原则，即判断和确定保密义务内容的时候应当遵循的一般要求。信用卡服务经营者的保密义务的制度功能在于最大限度地保护信用卡服务消费者的个人隐私等合法权益，因此应当坚持除非法律有明确规定以及当事人明确同意时，信用卡服务经营者应当严格保守秘密，不能擅自泄露的原则。这一原则，即所谓的法无规定即保密的原则，是指信用卡服务经营者对基于提供信用卡服务业务而掌握的客户的所有信息，只要没有法律明确规定需要或可以公开，就应给予保密。这是目前各国信息隐私法的基本原则，[①]同时也是我国立法所选择的做法。我国现行立法通过规定例外情形的立法技术，认可信用卡服务经营者可以在法律规定的情形出现时将有关信息提供给第三人的做法的合法性，除此之外应当承担相应的保密义务。这种立法技术可以说是对法无规定即保密原则的彰显与落实。

第二，在确定一个相对具体的认定原则基础上，还需要解决在确定义务内容的过程中需要结合的判断因素。在确定信用卡服务经营者保密义务内容的过程中，应当结合的具体因素，主要应包含所涉事项的属性、所涉事项的市场价值、法律规定的例外等。

---

① Daniel J. Solove, "Introduction: Privacy Self-Management and the Consent Dilemma", 126 *Harvard Law Review*(2013), p.1880.

所涉事项的属性，是指拟需要采取保密措施的事项是否具有信用卡服务消费者的私人属性，如身份证号码、职业、家庭关系、交易记录等具有显著私人属性的事项，应当属于保密义务的内容；所涉事项的市场价值，是指拟需要采取保密措施的事项具有一定市场价值，如果没有采取保密措施，可能使市场上具有知悉相关信息需求的主体免费得到获取信息的机会。对于具有特定使用目的的需求方是否可以知悉相关信息应当由信息所有人决定，所以持有信息的信用卡服务经营者应当采取必要的保密措施；法律规定的例外，是指法律对特定事项做出了明确的规定，信用卡服务经营者可以将法律规定的事项告知法定机构。上述几方面内容是在法无规定即保密原则的指引下确定保密内容需要参考的具体因素，原则与因素共同构成确定信用卡服务经营者保密义务内容的具体规则。

二、信用卡服务经营者保密义务的具体内容

信用卡服务经营者保密义务的具体内容具有很强的经验性，不同的业务实现模式、不同的交易方式等因素导致实践中成为保密义务对象的内容和范围大不相同，因此，有效归纳和总结实践中出现的应当作为保密义务内容的事项具有重要的参考和借鉴意义。

（一）信用卡服务经营者保密义务的对象

信用卡服务经营者保密义务的对象，是指信用卡服务经营者

向谁负有保守秘密的义务。确立信用卡服务经营者保密义务的对象，既是保护信用卡服务消费者合法权益的重要依据，也是确定信用卡服务经营者保密义务的重要依据。信用卡服务经营者的保密义务是一种典型的合同义务，具有合同相对性的典型特征，因此确定信用卡服务经营者保密义务的对象应当遵循合同相对性原则。合同相对性原则又被称为合同关系的相对性。“合同关系的相对性是合同规则和制度赖以建立的基础和前提，也是我国合同立法和司法所必须坚持的一项重要规则”[①]，因此，合同相对性原则是确定信用卡服务经营者保密义务对象的基本理论依据。“合同相对性原则具有明确的制度内涵和丰富的内容，总体上包括三方面的内容，即合同主体的相对性、合同内容的相对性以及合同责任的相对性。”[②]“合同主体的相对性，是指合同关系只能发生在特定的主体之间，合同一方当事人只能够向另一方当事人基于合同提出请求或提起诉讼；合同内容的相对性，是指只有合同当事人才能享有合同所规定的权利，并承担合同所规定的义务，合同当事人以外的第三人不能主张合同上的权利；合同责任的相对性，是指违约责任只能发生在特定当事人之间，即在合同关系的当事人之间发生，合同关系以外的人，不负违约责任，合同当事人也不对

---

① 王利明：《合同法研究》（第一卷）（修订版），中国人民大学出版社 2011 年版，第 111 页。

② 王利明：《合同法研究》（第一卷）（修订版），中国人民大学出版社 2011 年版，第 117–120 页。

其承担违约责任。”[①]根据合同相对性原则确立的合同权利、义务规则，在一般情形下，合同的权利、义务仅仅在合同法律关系的当事人之间产生约束力。信用卡服务经营者的保密义务是一项典型的合同义务，作为合同一方当事人的信用卡服务消费者只能请求作为合同另一方当事人的信用卡服务经营者履行相应的保密义务，即保密义务的对象仅能是作为合同一方当事人的信用卡服务的消费者，而不能是信用卡服务消费者以外的非合同当事人。

实践中，关于是否所有的信用卡服务消费者均为保密义务的对象存在不同的认识。肯定说认为对于所有的客户都应当承担保密义务，否定说认为应当区分具体的业务类型而确定是否承担保密义务。上述争议可以通过英国与美国两国判例中，关于储蓄合同保密义务对象的分歧得到一定说明。“英国法规定银行对客户的保密义务并不受客户的身份限制，即其保密义务无论是对存款人还是借款人都要履行”[②]，英国的立法选择体现了肯定说的主要精神，认为应当对于所有客户承担相应的保密义务。对于同样的问题，美国法院则采用了不同的做法，即否定说。“在纽约州法院的一则案例，即格兰尼发展公司诉塔克森案（Graney Development Corporation V. Taksen）中明确表示银行的保密义务不存在于其与借

① 王利明：《民法疑难案例研究》（增订版），中国法制出版社2013年版，第4-6页。

② Ross Cranston, *Principles of Banking Law*, Clarendon Press, 1997, p.174. 转引自杨东：《金融消费者保护统合法论》，法律出版社2013年版，第198页。

款人之间，而只存在于其与存款人之间”[①]，即按照否定说的观点，认定银行并非针对所有的客户都应当承担保密义务。但是就信用卡服务而言，随着业务创新的发展，信用卡服务已经是承载多种业务功能的集合型服务。这种集合型服务合同的权利、义务已经突破了传统的业务模式的限制，如果依然比照传统业务配置权利、义务显然不妥。所以，信用卡服务经营者应当为与其建立信用卡服务合同关系的信用卡服务消费者全面提供保密义务，而不因信用卡服务所涉及的功能是否不同而区别对待。

（二）信用卡服务经营者保密义务范围的发展趋势

信用卡服务经营者保密义务的具体范围，是指作为信用卡服务经营者的银行业金融机构对哪些信息负有保密的义务。在我国的现行规范体系中，就保密义务的范围而言不缺少具体规定，但是这些规定一般是由银行业监管机构为了实施银行业务监管而制定的，主要从落实监管要求的角度予以规范，在民法中却鲜有具体规定。因此，在关于信用卡服务经营者保密义务的纠纷中，关于保密义务范围的司法实践体现出了明显的个案色彩。不同的裁判主体基于自身对保密义务制度价值和制度功能的理解，就信用卡服务经营者负有的保密义务的范围进行自由裁量，没有形成统一的裁判尺度。因此，有必要在已有实践经验的基础上，把握确定信用卡服务经营者保密义务范围的一般原则，将纷繁复杂的信

① 杨东：《金融消费者保护统合法论》，法律出版社 2013 年版，第 199 页。

息予以类型化，使保密义务的范围得以明确。

信用卡服务经营者的保密义务，是银行业金融机构对消费者所承担的保密义务的一个具体类型，是银行对消费者保密义务这一法律规定与银行信用卡业务创新相结合的制度产物，因此对信用卡服务经营者保密义务的探讨，离不开银行对客户的保密义务这一相对原生的法律规则的探讨。信用卡服务合同中信用卡服务经营者保密义务的范围不断扩展，是由银行对客户保密义务的范围不断扩展的趋势要求所决定的。

信用卡服务经营者保密义务的确定与其范围不断扩张是同步的，英国图尔尼尔案[①]是公认的关于银行保密义务的第一案，正是在这一案件中确立了银行对客户负有保密义务的规则。也正是在这以后，银行保密义务制度不仅得到确立，而且其范围得到快速的扩张，银行的保密义务不仅成为世界各国银行法公认的银行义务的重要组成部分，而且已经成为世界各国公认的银行义务法中占比最大的义务。金融业生命之树常青的秘密一定意义上在于创新，没有了创新，金融业即停滞不前。伴随着金融业的快速创新，作为金融业创新重要体现的银行业务创新是不言自明的。新的业务模式与新的技术手段的结合产生了新的信息需求，客观上要求银行保密义务的范围也要不断扩大。在对原有个人信息进行保密的同时，还要对新类型的信息予以保密。此外，即使是原有的没有争议的个人信息，也因个人信息范围的发展而使保密义务的范

① Turnier v. National Provincial and Union Bank of England.

围相应扩张。所以，信用卡服务经营者作为金融服务经营者，应当在信用卡服务合同中承担对客户的保密义务也要符合这一趋势，既要承担起新类型的保密义务，同时也要对原有类型保密义务的内容进行扩张保护。因此，信用卡服务经营者不仅应当承担相应的保密义务，而且其保密义务的范围呈现出不断扩大的趋势。

（三）信用卡服务经营者保密义务的具体类型

在美国法中，法院就银行业金融机构对客户负有的保密义务做出了积极的探索并做出了明确的界定。“法院较早地将银行所保密的客户的信息范围限定为两个方面：一是有关账户的信息，包括账户上所存款项金额、现有金额、收支情况、资金去向、资金来源和账户记录等信息；二是客户的交易情况，包括交易的内容、价格、对方当事人等信息。”① 后来随着审判实践的发展，理论界在已有内容的基础上增加了“银行因保管客户的账户而获得的与客户有关的任何信息”②。美国法中关于金融机构保密义务的立法选择与理论成果对我们依然具有较大的启发，可以结合我国信用卡业务的实际，进一步明确保密义务的类型。对于信用卡服务经营者而言，提供信用卡服务时所承担的保密义务具体包括如下内容：

1. 信用卡服务消费者账户信息。信用卡服务消费者账户信息，是信用卡服务消费者为获取信用卡服务，在向信用卡服务经营者申请信用卡服务的过程中，按照信用卡服务经营者的要求提交的

---

①② 岳彩申：《美国银行对客户信息保密制度研究》，载于《现代法学》2000年第3期，第100页。

基本身份信息。以某银行信用卡申请表的记载为例，主要包括如下信息：其一，个人基本信息，主要包括姓名、出生日期、国籍、证件号码、婚姻状况、教育程度、住址、邮政编码、住宅性质、居住时间、手机联系方式等；其二，家庭成员信息，主要包括父母的姓名、配偶的姓名、成年子女的姓名、父母的联系方式、配偶的联系方式、成年子女的联系方式、父母的住址等；其三，个人的职业信息，主要包括工作单位名称、工作单位地址、工作单位邮政编码、工作单位联系电话、工作性质、工作岗位、工作年限、收入情况；其四，辅助联系人的信息，主要包括联系人的姓名、与申请人的关系、工作单位名称、联系方式等。

2. 信用卡服务消费者交易信息。信用卡服务消费者交易信息，是指基于信用卡服务消费者申请、使用以及注销信用卡的行为而形成的信息。信用卡服务消费者的交易信息，直观记载和反映了信用卡服务消费者使用信用卡进行交易的具体明细。结合信用卡业务实践，信用卡服务消费者交易信息主要包括：信用卡服务的类型、信用卡账户内资金及变动情况、交易对手信息、交易类型、交易额度、交易频率等信息。信用卡服务消费者交易信息在市场经济活动中具有重要的价值，市场交易活动的决策者可以据此做出相应的市场选择和市场决策，是市场中具有竞争关系的市场主体争夺的重要资源，具有重要的经济价值。此外，信用卡服务消费者使用信用卡进行交易的行为属于个人隐私，信用卡服务消费者不应该因为订立信用卡服务合同而使自己的交易信息被泄露。所以，如果当事人对此没有明确做出相反的约定，或者法律就特定情形做出明确除外规定时，信用卡服务经营者应当承担为信用卡服务消费者保密的义务。

3. 信用卡服务经营者掌握的其他信息。信用卡服务经营者基于提供信用卡服务的机会，能够全面掌握信用卡服务消费者在信用卡的申请、使用以及注销过程中形成的信息，包括账户信息、交易信息以及其他信息。信用卡服务经营者对于其他信息依然负有保密的义务，如信用卡服务消费者的消费习惯、信用卡服务消费者的不良征信记录等信息。这些信息对于信用卡服务消费者均具有一定利害关系，因此，信用卡服务经营者应当予以保密。在不符合约定条件、也不符合法律规定情形的场合，应当予以保密，不得擅自使用或提供给第三人。

三、信用卡服务经营者保密义务内容的除外情形

原则与例外就像一对孪生兄弟，每一项原则都伴随着部分例外情形，信用卡服务合同中银行的保密义务规则也是如此。作为信用卡服务经营者的银行为信用卡服务消费者提供保密义务，是为了保护信用卡服务消费者的权益，但是在信用卡服务消费者的权益跟与之相比更为重要的权益发生冲突时，法律为了实现“两利相权取其重”而在一定程度上牺牲信用卡服务消费者的权益，进而实现对更为重要的权益的维护。“银行保密义务规则的基本观点是要求银行对其客户金融状况的任何信息进行保密，其目的在于

保护个人的隐私以及其他客户的隐私利益”[①]，但是银行在特定情势下需要将客户的信息予以披露，这是由具有更高层次的公共利益的重要性所决定的，这就产生了信用卡服务合同中银行保密义务的例外情形。信用卡服务合同实践中，构成信用卡服务经营者保密义务例外情形的主要有如下几种原因：

（一）法律的明确规定

银行业金融机构在法律明确规定的情形下，应当对客户的信息资料予以披露已经得到了世界很多国家立法上的确认。[②]即在明确银行业金融机构在日常经营中负有保守客户秘密义务的同时，为了实现维护公共利益的需要，在特定情形下法定机关有权获取银行业金融机构掌握的特定客户信息资料。在符合法定条件时，银行业金融机构应当对法定机关提出的获取特定客户信息的要求予以协助，并将符合要求的信息提供给法定机关。我国有关法律与行政法规对此做出了明确的规定，银行业金融机构在法定情形下，负有向有权机关提供客户资料的义务。其中最为典型的情形为，司法机关在审理案件的过程中，有权要求特定的金融机构查询并提供反映案件当事人有关金融交易活动的信息。

---

① Charles Thelen Plombeeks, “Confidentiality and Disclosure: The Money Laundering Control Act of 1986 and Banking Secrecy”,(1988) 22 *International Lawyer* 69. 转引自谈李荣：《英美银行保密义务规则的冲突与制衡》，载于《河北法学》2004 年第 10 期，第 131 页。

② 例如，美国于 1970 年通过的《银行保密法》(*Bank Secrecy Act*)、《金融隐私权利法案》(*Right to Financial Privacy Act*) 等法律对此做出了明确的规定。

信用卡服务经营者对于符合法定条件的机关提出的请求应当予以协助，但是在提供协助的过程中应当严格按照法律规定的条件和程序进行。就特定情形及相应程序，法律做出了明确的规定。如《中国人民银行、最高人民法院、最高人民检察院、公安部关于查询、冻结、扣划企业事业单位、机关、团体银行存款的通知》第 1 项规定，人民法院因审理或执行案件的需要，需要向银行查询企业事业单位等与案件有关的银行存款或查阅有关的会计凭证、账簿等资料时，银行应当积极配合。查询人必须出示本人工作证或执行公务证和出具县级（含）以上人民法院等签发的“协助查询存款通知书”。我国有关立法中类似的规定还有很多。在法律规定的情形下，信用卡服务经营者不再负有对信用卡服务消费者的保密义务，应当提供其掌握的关于特定信用卡服务消费者的相关信息。正是法律的规定以及正当程序的履行，成为信用卡服务经营者免除保密义务的依据。

（二）信用卡服务消费者的同意

信用卡服务经营者利用提供信用卡服务的机会，掌握了信用卡服务消费者的身份信息和交易信息，但是就信息的权属而言，其权利人应该是信用卡服务消费者。作为信息的权利人，其可以在不违反法律规定的情形下对信用卡承载的个人信息实施任何使用、处分的行为。按照私法自治的原则和基本精神，民事主体有权利按照自己的意愿行使和处分私权利。权利人对于在申请、使用、注销信用卡过程中形成的个人信息享有绝对的权利，可以按照自己的意思明确同意或拒绝信用卡服务经营者对有关信息的使用。如果信用卡服务消费者同意掌握其相关信息的信用卡服务经营者使用本应该被保密的信息，那么信用卡服务经营者便在许可的范围内免除了法定的保密义务。这种保密义务的免除，从另一个角度来讲是权利人对自己权利的放弃，是私法自治的体现。结合对其他国家的有关立法进行比较，很多国家都确认了“金融服务消费者同意，构成银行不按信息被提供的目的使用私人信息这一违法行为合法化的一个法定途径”①。所以，在权利人明确同意的范围内，构成信用卡服务经营者保密义务的例外。

理解信用卡服务消费者免除信用卡服务经营者保密义务的关键是信用卡服务消费者同意的判断标准，即如何判断信用卡服务消费者同意信用卡服务经营者使用相关信息是自愿真实的。本书认为，判断信用卡服务消费者同意使用的意思是否真实自愿应当遵循以下几个标准：其一，信用卡服务消费者的同意必须是明确同意，不能推定信用卡服务消费者存在同意的意思。因此，如果信用卡服务合同双方当事人就此达成了一致的意思表示，应当将同意的意思表示以书面的方式体现出来。其二，信用卡服务经营者应当充分揭示对相关信息的使用目的、使用范围、使用方式以及使用后果，并保证信用卡服务消费者能够充分认识对上述信息的使用行为以及信息不被保护的后果，这样才能确保信用卡服务

---

① 德国、日本等大陆法系国家制定的《私人数据保护法案》的有关规定所反映的精神，参见杨东：《金融消费者保护统合法论》，法律出版社2013年版，第203页。

消费者在权衡利弊的基础上真实自愿决定是否同意。

（三）其他例外情形

除了法律明确规定与当事人明确同意信用卡服务经营者在信用卡服务合同中不再负有保密义务，司法实践中还存在其他不要求信用卡服务经营者承担保密义务的例外情形。这些例外情形是基于信用卡业务创新发展的实践而出现的新情况产生的，为了有效弥补法律发展相对于社会发展的滞后性，有必要在法律上预留一定空间。

随着国际金融监管的加强，新的金融监管规则不断出现。银行业金融机构被要求承担更多的法定义务，其中一项得到世界范围内普遍认同的法定义务为金融机构的反洗钱识别义务。反洗钱要求最早由联合国在 1988 年制定的《联合国禁止非法贩运麻醉药品和精神药物公约》所提出，后为巴塞尔银行监管委员会发布的旨在全面遏制洗钱活动的《关于防止犯罪分子利用银行系统洗钱的声明》（以下简称《巴塞尔声明》）所明确和倡导。在这以后，“反洗钱，从 20 世纪 80 年代提出到今天，经历了 20 多年的时间，在这短暂的时间里与反洗钱有关的国际公约、国内法律制度快速形成，在相关国际组织和国家的合作下，形成了几乎可以覆盖全球金融系统的反洗钱网络”[①]。《巴塞尔声明》明确指出，“银行和其他金融机构可能会在无意中被犯罪分子所利用，充当犯罪活动所获

---

① 陈浩然：《反洗钱法律文献比较与解析》，复旦大学出版社 2013 年版，代序第 1 页。

得的资金的转移或存款的中介，各国司法以及立法机构为防止银行系统被利用于洗钱做了大量的努力，但有组织犯罪活动越来越国家化，特别是毒品贸易的发展，促使人们开始采取国际合作。银行并不一定能够洞察秋毫般发现业务中所有的犯罪收益，银行也难以准确辨别跨境业务是否能够毫无例外地符合所有国家法律的规定，但银行在有充分理由怀疑经手的业务可能同洗钱活动有关联时，应当拒绝提供相应的服务，或者不给予积极的协助”①。“金融机构应当妥善处理遵守保密法与司法机关合作之间的关系，要求银行尽可能避免向弄虚作假的客户提供帮助，尽可能识别经过删改的、不全面的或者带有误导性的客户资料，避免这些资料被用于欺骗司法当局，避免司法当局据此做出错误的判断。如果银行金融机构根据虚假的资料能够基本推断存款的资金来源于犯罪，或者交易本身就有可能是犯罪时，应当根据法律的规定采取适当的措施，如拒绝提供服务、断绝与该客户的关系或者关闭、冻结相应的账户。”②信用卡服务经营者对于具有隐匿犯罪资金来源及所有权目的的客户，可以基于反洗钱的规则拒绝履行信用卡服务合同的保密义务，同时信用卡服务经营者基于有效配合司法机关落实反洗钱的有关法律，可以进一步拒绝向信用卡服务消费者履行保密义务，及时向司法机关披露信用卡服务消费者的个人信息、

① 张筱薇：《新型国际犯罪研究》，法律出版社 2012 年版，第 281 页，转引自陈浩然：《反洗钱法律文献比较与解析》，复旦大学出版社 2013 年版，第 65 页。

② 陈浩然：《反洗钱法律文献比较与解析》，复旦大学出版社 2013 年版，第 65 页。

账户信息、交易信息以及对信用卡的功能采取必要的限制措施。

第三节　信用卡服务经营者保密义务的履行

虽然我国《商业银行法》第29条、第30条规定了商业银行在办理储蓄存款业务的过程中应当为存款人保密的原则，但是没有就商业银行如何实现对存款人的保密义务做出明确的要求，进而给商业银行在实践中如何行为才能符合保密义务的要求提出了一个不小的疑问。本节就这个问题做出大胆的尝试，通过对信用卡服务经营者保密义务的履行原则的确定以及具体的履行方式的归纳，来解决商业银行在实践中面临的困惑。

一、信用卡服务经营者保密义务的履行原则

信用卡服务经营者保密义务的履行原则，说到底是对《民法典》第509条第1款“当事人应当按照约定全面履行自己的义务”这一履行原则的具体化。即在信用卡服务合同中，信用卡服务经营者应当如何理解和把握“全面履行”的精神。之所以需要结合信用卡服务经营者保密义务的内容进一步确定其具体的履行原则，最重要的理由是信用卡服务经营者保密义务针对的客体为个人信息，个人信息不仅无形，而且随着信息化时代步伐的加快，信息对个人具有格外重要的意义。本书认为信用卡服务经营者履行保

密义务应当遵循周全、严密两项原则。

（一）周全保密原则

所谓周全保密原则，是从需要保密的信息的范围这个角度而言的。信用卡服务经营者在提供信用卡服务的过程中，不仅可以获取消费者的人身资料，如身份信息、社会关系等信息，而且还能基于提供服务的机会，掌握、收集到消费者基于信用卡的使用而形成的交易信息等衍生信息。按照周全保密原则，信用卡服务经营者对上述信息均应当予以保密，不得擅自泄露或者许可他人使用。

（二）严格保密原则

所谓严格保密原则，是从对需要保密的信息所采用的保密手段和所达到的程度而言的。信用卡服务经营者基于服务提供者的角色所掌握的信息对于权利人而言非常重要，只有信息权利者本人有“决定权、使用权、查询权、更正权、封锁权、删除权、营销使用权、许可使用权”[①]等权利，其他人未经权利人许可不享有知悉和使用的权利。因此，信用卡服务经营者应当采用最严密的手段对上述个人信息进行保密，而且其密级程度应当按照商业秘密的标准来确定。

---

① 侯春雷:《银行卡民事纠纷法律适用》，人民法院出版社2013年版，第262页。

二、信用卡服务经营者保密义务的履行措施

信用卡服务经营者在实践中如何有效履行对信用卡服务消费者相关信息的保密义务，才能认定为对信用卡服务合同义务的履行，对此需要确定相对具体的履行标准。所谓的履行标准，是指需要在周全、严格原则的指引下所采取的切实有效的措施，这就是本节要谈论的信用卡服务经营者保密义务的履行措施。在实践经验的基础上，本书分两类情形分别总结了对应的履行措施：

（一）避免知悉的信息泄露

在信用卡服务法律关系存续期间，作为信用卡服务提供方的银行业金融机构，经由信用卡服务的申请、管理等工作，掌握了信用卡服务消费者大量的与信用卡申请、使用、注销等有关的信息。银行业金融机构对客户信息的掌握和利用，是为了提供信用卡服务，因此，为了对基于信用卡服务合同获取的相关信息进行保密，需要采取以下四方面的措施来实现：

1. 明确相关信息的使用程序。作为信用卡服务经营者的银行业金融机构，要按照金融监管法律规定的程序，管理、使用基于信用卡服务合同获取的相关信息。在我国现有法律规定中，没有专门针对信用卡服务经营者如何管理、使用信用卡服务消费者信息的程序性规定。虽然在一些基本法中强调了义务主体需要按照

一定程序管理、使用客户信息，但是没有做出具体的程序性规定。信用卡服务经营者只有按照一定程序来管理、使用相关信息，才能有效确保信息不被泄露，退一步讲唯有如此，才能确保即使信息被泄露也能找到相关的责任主体。

2. 明确相关信息的使用目的。对于基于信用卡服务合同获取的相关信息，应当明确信用卡服务经营者的使用目的。按照银行业监管机构规定的要求，信用卡服务经营者获取信用卡服务消费者的基本信息具有明确的目的，即为了安全有效地提供信用卡服务而获取和使用。这种目的性要求是保证掌握信用卡服务消费者信息的信用卡服务经营者不会滥用权利的重要保障，如果信用卡服务经营者将相关信息用于与提供信用卡服务无关的目的，那么就违反了相应的保密义务，应当承担违反保密义务的违约责任。关于合目的性要求，信用卡服务合同与借款合同有相似之处。在借款合同中，借款人与贷款人在借款合同中就资金用途做出了约定的，借款人应当将资金用于约定的使用方式，如果借款人没有按照约定的方式使用借款，贷款人可以主张借款人违反借款合同，提前解除借款合同，并要求借款人偿还借款本金及利息。所以，信用卡服务合同经营者不符合监管要求的规定，没有按照法律规定的目的和用途使用信用卡服务消费者的信息的，构成对合同义务的违反，应当承担违约责任。

3. 明确相关信息的使用范围。信用卡服务经营者基于信用卡服务合同获取的相关信息，应当严格限制其使用范围。通过限制信用卡服务经营者使用相关信息的范围，可以有效保护信用卡服务消费者合法权益，这一措施的有效性已经得到了实践的验证，避免了大量不必要的纠纷的产生。实践中对信息使用范围予以规范的方式主要有以下两种典型：一是征信机构向信息使用者提供个人信用信息必须符合法律规定范围；二是信用信息使用者只能按照取得报告时声明的目的使用信用信息。我国已经在开始探索将这一措施提升到立法层面予以确认，如中国人民银行《个人信用信息基础数据库管理暂行办法》第 12 条明确规定了使用个人信用信息基础数据库的范围，即仅限于以下几种业务：审核个人贷款申请；审核个人贷记卡、准贷记卡申请；审核个人作为担保人；对已发放的个人信贷进行贷后风险管理；受理法人或其他组织的贷款申请或其作为担保人，需要查询其法定代表人及出资人信用状况。① 个人信用信息在市场经济中具有重要的经济价值，已经成为特定商家互相争夺的资源，如果不对利用个人信用信息的行为加以限制，势必会造成个人信用信息的泄露，损害个人合法权益。

4. 建立完善信息使用行为的报告制度。信用卡服务经营者按照法律规定的程序、目的、范围使用信用卡服务消费者的个人信息是开展信用卡服务业务的必然要求。为了有效保护信用卡服务消费者的合法权益，信用卡服务经营者应当将使用相关信息的具体情况报告给信用卡服务消费者，这就是信息使用行为的报告制度。信息使用行为报告制度对于信息主体而言，可以使其清楚地

① 参见中国人民银行《个人信用信息基础数据库管理暂行办法》（中国人民银行令［2005］第 3 号）第 12 条之规定。

知道自己信息的发布范围和使用情况，对个人信息被不当使用的情况可以及时发现并采取追责措施。中国人民银行《个人信用信息基础数据库管理暂行办法》通过明文规定的方式肯定了这一制度，在其第 13 条中规定：除对已发放的个人信贷进行贷后风险管理外，商业银行查询个人信用报告时应当取得被查询人的书面授权。书面授权可以通过在贷款、贷记卡、准贷记卡以及担保申请书中增加相应条款取得。[①]可见报告制度作为完善信用卡服务经营者履行保密义务的有效措施已经得到立法者的认定，这一制度必将随着强保护理念的推广而得到更高层次立法形式的吸收与确认。

（二）提供保密的交易环境

金融交易环境即金融交易场所，是金融服务的物理场所构成的整体，具体指金融机构提供具体金融服务的物理场所。随着科学技术的发展，物理场所不仅包括传统意义上的实体物理场所，也包括提供互联网金融服务的网络虚拟场所、提供电话金融服务的语音环境等。金融交易环境是金融机构提供金融服务的重要媒介，对于保证金融服务的有效提供具有重要作用，因此我国相关的法律法规对金融交易环境做出了严格的规定。

就金融交易环境而言，法律着重强调了安全、保密的要求。提供安全的金融交易环境，属于信用卡服务经营者所负有的保护义务的内容，已在保护义务中加以论证。对作为保密义务规则要

① 参见中国人民银行《个人信用信息基础数据库管理暂行办法》（中国人民银行令［2005］第 3 号）第 13 条之规定。

求下的交易环境保密而言，主要强调的是秘密的交易环境。被称为中国确定信用卡服务经营者负有保密义务第一案的王某诉中国银行股份有限公司南京河西支行储蓄存款合同纠纷[①]，很好地诠释了提供保密的交易环境是信用卡服务经营者保密义务的重要内容。在本案中，由于案外人汤某通过在中行分支机构自助银行网点门口刷卡处安装读卡器、在柜员机上安装了具有摄像功能的MP4设备的手段，盗取了原告王某银行卡的卡号、基本信息以及密码，借助盗取的信息伪造了王某的银行卡，并使用伪造的信用卡通过支取、消费等方式使王某遭受了约43万元人民币的损失。法院经过审理认为，涉案银行自助银行设备存在重大安全漏洞。具备专业知识的银行业金融机构及其工作人员对自助银行设备的管理、维护存在疏忽，未能及时检查、清理，没有及时发现、拆除犯罪分子安装的作案设备和装置，致使犯罪分子利用客户在自助银行设备办理银行卡业务的过程中盗取了客户的重要信息，并利用信息侵害了客户的财产权利。所以，原告王某的银行卡密码被犯罪分子窃取，是银行未能履行为储户提供必要的安全、保密环境的义务所致。法院最终判决被告银行向原告王某赔偿损失。由此，第一次以判例的形式确定信用卡服务经营者的保密义务，进而确认信用卡服务经营者应当提供保密的交易环境是其履行保密义务的重要方式和实现形式。

---

① 参见《中华人民共和国最高人民法院公报》2009年第2期。

第五章

信用卡服务经营者违反附随义务的民事责任

“没有救济就没有权利。”[①] 民事责任是确保民事主体的民事权益受到损害时，得到有效救济的基本方法，这一方法不同于道德等其他规范方法的突出特点在于以司法强制力为保障，即“在义务人拒不履行义务时，应当承担民事责任，必要时权利人可以通过司法程序，强制责任人承担责任，这是维护民事权利、维护社会秩序的必要手段，是法律责任与其他社会责任的区别所在”[②]。民事主体违反民事义务应当承担相应的民事责任，这一基本原理同样适用于信用卡服务合同中作为附随义务主体的信用卡服务经营者。信用卡服务经营者违反信用卡服务合同约定或没有履行相应的附随义务时，应当承担相应的民事责任。如果义务人有违反义务的行为却不承担一定法律责任，那么义务人的义务属性就无法得到

① 程燎原、王人博:《权利及其救济》，山东人民出版社 1998 年版，第 349 页，转引自魏振瀛:《民事责任与债分离研究》，北京大学出版社 2013 年版，第 336 页。

② 魏振瀛:《民事责任与债分离研究》，北京大学出版社 2013 年版，第 337 页。

完全和切实的体现。“我国立法对违反附随义务后应承担何种责任、归责原则如何等问题，均没有做出明确规定”[①]，立法的上述缺陷与不足要求我们首先应当就此问题寻求相对一致的答案，然后才能在此基础上进一步解决违反附随义务的责任形式的确定、责任的承担等问题。因此，关于信用卡服务经营者违反附随义务所应当承担的民事责任，是不可回避的问题。实践中，关于信用卡服务经营者违反附随义务应承担民事责任的问题还存在较大的分歧，如对信用卡服务经营者违反附随义务承担的法律责任的法律性质，民事责任的认定依据和归责原则，责任人承担民事责任的形式等问题，均没有形成统一的认识。而解决上述问题是信用卡服务经营者附随义务规则发挥其规范性的前提和基础。所以，本章结合民事责任适用涉及的不同环节，重点就三个方面的问题展开，即信用卡服务经营者违反附随义务民事责任的法律性质，信用卡服务经营者违反附随义务民事责任的认定与归结，以及信用卡服务经营者违反附随义务民事责任的形式。

第一节　信用卡服务经营者违反附随义务民事责任的法律性质

“民事责任与民事义务是相对应的概念，两者通过救济权而紧

① 侯国跃：《契约附随义务研究》，西南政法大学2006年博士学位论文，第197页。

密地联系在一起。民事主体不履行应尽义务时，便产生民事责任的问题”[①]，学理上基本一致地认为“民事责任是指民事主体违反民事义务应当承担的民事法律后果”[②]。“我国《合同法》在1999年就借鉴了国际合同立法的最新立法经验，确立了以义务违反为核心的违约责任体系，颇具前瞻性”[③]，在立法中进一步表明了民事义务与民事责任的对应及依赖关系。根据民事责任与民事义务之间的关系，“有义务必然产生责任，当事人对附随义务的违反必然产生相应的法律责任”[④]，“因为合同当事人除了应当全面履行合同约定的义务外，还应当遵循诚实信用原则，根据合同的性质、目的和交易习惯，履行通知、协助、保密等法定义务，不履行这些法定义务同不履行合同约定义务一样，也要承担民事责任”[⑤]。按照上述理论观点及立法逻辑的分析结论，在信用卡服务合同法律关系中，作为义务主体的信用卡服务经营者如果没有履行附随义务或者不适当地履行附随义务，亦产生相应的民事责任。在具体的民事法律关系中，基于民事义务主体所违反的民事义务性质的不同，导致民事主体在违反民事义务后可能承担不同性质的民事责任。而不

---

① 许中缘、屈茂辉：《民法总则原理》，中国人民大学出版社2012年版，第461–462页。

② 魏振瀛：《民事责任与债分离研究》，北京大学出版社2013年版，第25页。

③ 迟颖：《我国合同法上附随义务之正本清源——以德国法上的保护义务为参照》，载于《政治与法律》2011年第7期，第135页。

④ 宋建立：《储蓄存款合同中的附随义务及责任》，载于《人民司法·应用》2009年第3期，第75页。

⑤ 庞景玉、何志：《合同纠纷裁判依据新释新解》，人民法院出版社2014年版，第274页。

同性质的民事责任在“法律保护的权利性质、各种责任的发生前提、民事责任的构成要件、民事责任的具体形式等方面都有所不同”[①]。所以，明确信用卡服务经营者违反附随义务的民事责任的属性是确立、适用民事责任的前提和基础，是首先需要解决的问题。

在信用卡服务合同中，信用卡服务经营者违反法律规定没有履行相应的附随义务所应承担的民事责任的性质，直接影响着其民事责任的构成要件和具体的民事责任形式。关于民事责任性质的不同认识，不仅可能导致相同的行为承担不同性质的民事法律责任，也会导致承担不同形式的民事法律责任。信用卡服务经营者违反信用卡服务合同附随义务所应承担的民事责任的性质，在理论和实务上存在一定争议。

一种观点认为，“违反附随义务应当承担的民事责任属于合同责任，这种民事责任不同于违约责任，具有一定特殊性”[②]，以下将该种观点简称为“独立责任说”。另一种观点认为，“合同附随义务是一种合同义务，因而违反合同附随义务的行为是一种违约行为”，以下将该种观点简称为“违约责任说”。[③]还有一种观点认为，“违反附随义务应当承担侵权责任”，以下将该种观点简称为

① 许中缘、屈茂辉：《民法总则原理》，中国人民大学出版社 2012 年版，第 464 页。

② 汪渊智、李媛：《论附随义务》，载于《山西大学学报》（哲学社会科学版）2001 年第 3 期，第 42 页。

③ 参见华战胜：《浅析合同法中的附随义务》，载于《天津职业院校联合学报》2008 年第 1 期，第 144 页。

"侵权责任说"。[①] 基于上述关于义务人违反合同附随义务所产生的民事责任性质的不同认识，就信用卡服务经营者违反附随义务所应承担的民事责任的性质，对应存在上述三种观点。下面先在这里评析一下第一、三种观点：首先，我们来评析独立责任说。独立责任说的论证基础是对合同附随义务做出扩大解释，将先合同义务、合同履行中的附随义务、后合同义务均纳入合同附随义务的范畴，但该理论基础混淆了先合同义务、后合同义务与合同附随义务的关系。因为，先合同义务、合同履行中的附随义务、后合同义务虽然具有相似性，如产生方式均为基于法律的直接规定，但是三者依然具有不同的运行规则和制度机理，所以混淆先合同义务、合同履行中的附随义务、后合同义务的理论基础存在天然的缺陷。那么，基于此而得出的关于违反附随义务的民事责任为一种独立责任的观点，自然就有失科学性。因此，本书认为"独立责任说"不可取。其次，我们再来评析侵权责任说。侵权责任说仅仅从违反合同附随义务侵害了债权人的固有利益的角度，认为从对固有利益侵害的这个角度看，这种责任与侵权责任具有共同性，所以信用卡服务经营者违反附随义务应当承担的民事责任为侵权责任。但是上述关于构成侵权责任的理由，不仅片面而且牵强。因为信用卡服务经营者附随义务固然具有保护信用卡服务消费者固有利益的作用，但是其同时也具有促进履行利益的作用，

① 参见宋建立:《储蓄存款合同中的附随义务及责任》，载于《人民司法·应用》2009 年第 3 期，第 76 页。

所以侵权责任说的论证依据不够严密。因此，本书认为“侵权责任说”观点亦非最佳。

本书认为，信用卡服务合同中信用卡服务经营者违反附随义务承担的民事责任为违约责任。理由在于：

第一，就信用卡服务经营者附随义务的产生而言，我国《民法典》第 509 条第 2 款规定，“当事人应当遵循诚实信用原则，根据合同的性质、目的和交易习惯履行通知、协助、保密等义务”。这是其产生的基本法律依据，并直接证实了信用卡服务经营者的附随义务是基于《民法典》合同编的规定而产生的，其应当为合同当事人之间的义务，而对于民法合同义务的违反应该通过承担违约责任予以救济。基于上述理由，本书认为，信用卡服务经营者违反附随义务的民事责任属于违反合同义务的民事责任，应当定位在违约责任上。

第二，就信用卡服务经营者附随义务内容的确定方式而言，信用卡服务经营者附随义务是在合同履行过程中按照法律的有关规定，本着诚实信用原则的要求，结合合同的性质、合同的目的、信用卡的功能、信用卡功能的实现方式等因素才得以确定的一项义务。所以，义务内容的确定是以有效存在的合同为依据的，为确保信用卡服务经营者全面履行合同义务而确定的具有辅助功能的义务，具有鲜明的合同属性。如果违反这样一个具有典型合同属性的义务，只有违约责任制度才能给予妥当的救济。法律之所以针对合同义务和一般义务分别规定了违约责任和侵权责任，就是因为责任的救济效果和取向上存在的差异。所以，信用卡服务经营者违反附随义务伴随的是违约责任的产生。

第三，信用卡服务经营者附随义务存在于信用卡服务合同的当事人之间，其义务和责任的相对人都是特定的合同相对人，而侵权责任相对人往往是不特定的第三人。这也就决定了，如果将信用卡服务经营者违反附随义务的民事责任定位在侵权责任上，可能会造成义务强度相对较低，难以周全地保护信用卡服务消费者的权利。因为侵权责任基于相对人的不特定性，大多建立在一般注意义务上，而合同当事人之间存在信赖关系，所以应当要求更高的注意义务。

基于上述理由，本书认为信用卡服务经营者违反附随义务所应当承担的民事责任为违约责任，而非违约责任外的其他责任。

第二节　信用卡服务经营者违反附随义务民事责任的认定与归结

信用卡服务经营者违反附随义务的民事责任，是确保信用卡服务经营者履行附随义务、保障信用卡服务消费者合同权益的重要制度安排。在具体信用卡服务法律纠纷中，关于信用卡服务经营者是否需要承担民事责任的判断结论是民事责任适用的前提。只有信用卡服务经营者具有可归责性才涉及责任的承担，这一逻辑关系要求首先需要解决信用卡服务经营者民事责任的认定与归结问题。因此，本节围绕信用卡服务经营者民事责任的归责原则与构成要件展开，详细探讨在信用卡服务实践中如何认定信用卡服务经营者因违反附随义务而引起的民事责任。

一、信用卡服务经营者违反附随义务民事责任的归责原则

“附随义务的认定问题，属于契约债务不履行的问题，同时涉及民事责任法体系构成的问题”①，其中归责原则是首要的也是最重要的问题。所谓归责原则，“乃是确定当事人的民事责任的法律原则，它是确定行为人承担民事责任的根据和标准，也是贯穿于整个民事责任制度并对责任规范起着统率作用的立法指导方针”②。“不同的归责原则决定了民事责任在构成要件、举证责任的内容、免责事由以及损害赔偿范围等方面的不同。”③因此，科学的民事法律制度要求确立科学的民事责任的归责原则。我国立法机构在1999年制定统一《合同法》的过程中，就违反合同义务承担民事责任所应依据的归责原则广泛大量地征求了意见，来自各方的意见基于不同的理由给出了不同的建议，最终“我国合同法中的归责原则体系是由严格责任和过错责任原则构成，仅在例外情况下实行绝

---

① 陈自强《民法讲义Ⅱ：契约之内容与消灭》，法律出版社2004年版，第79页。

② 王利明：《合同法研究》（第二卷）（修订版），中国人民大学出版社2011年版，第428页。

③ 王利明：《合同法研究》（第二卷），中国人民大学出版社2003年版，第412–413页。

对责任”[①]。我国《民法典》在制定时，承袭了这样的立法设计。那么在信用卡服务合同法律关系中，如果信用卡服务经营者违反其负有的附随义务，应适用哪一种归责原则来确定违约责任呢？

《民法典》第 577 条规定：“当事人一方不履行合同义务或者履行合同义务不符合约定的，应当承担继续履行、采取补救措施或者赔偿损失等违约责任。”根据通说，我国《合同法》在归责原则上，以严格责任为原则，于例外情况实行过错责任。[②]《民法典》第 509 条关于附随义务的规定也并未要求过错事由，似乎可以认为附随义务同样依照严格责任原则，而根据体系解释的方法，信用卡服务经营者违反附随义务的民事责任同样是采用严格责任原则。但是基于附随义务和信用卡服务领域的特殊性，信用卡服务经营者违反附随义务的民事责任是否一定要采用一般合同责任的归责原则，是值得考虑的。笔者认为，对信用卡服务经营者违反附随义务的民事责任的归责原则应当采用过错推定原则。理由在于：

第一，尽管《民法典》第 577 条没有提到责任人的过错，但是它与无过错责任并非完全相同，无过错责任根本不考虑免责事由，严格责任并非完全不考虑免责事由。[③]它并没有绝对地否定过错责任存在的可能性，而且我国《民法典》中许多关于具体合同附随义

① 王利明：《合同法研究》（第二卷）（修订版），中国人民大学出版社 2011 年版，第 435 页。

② 崔建远主编：《合同法》，法律出版社 2003 年版，第 222 页。

③ 参见王利明：《违约责任论》，中国政法大学出版社 2003 年版，第 61 页、第 562–567 页。

务的规定都采用了过错责任原则。例如,《民法典》关于“供用电、水、气、热力合同”的第651条规定:“供电人应当按照国家规定的供电质量标准和约定安全供电。供电人未按照国家规定的供电质量标准和约定安全供电，造成用电人损失的，应当承担赔偿责任。”关于“赠与合同”的第662条第2款规定:“赠与人故意不告知瑕疵或者保证无瑕疵，造成受赠人损失的，应当承担赔偿责任。”关于“客运合同”的第824条第1款规定:“在运输过程中旅客随身携带物品毁损、灭失，承运人有过错的，应当承担赔偿责任。”在借鉴上述规定的基础上，信用卡服务经营者违反附随义务违约责任的归责原则，并不一定局限于严格责任原则。

第二，在关于信用卡纠纷案件审理的司法实践中，法院在审判时都调查并极为关注责任人是否存在主观过错。在绪论中提到的“邱某诉工行万通支行信用卡纠纷案”中，两审法院都认为工行万通支行作为发卡行，接受了非法复制的银行卡进行交易，并从邱某的信用卡账户中划扣相应款项。对此，工行万通支行未能尽到谨慎审查义务，应对其过错行为承担违约责任。同样，邱某亦存在泄露密码的过错，因此也要承担相应的责任。在这个案例中，法院将当事人是否存在过错作为案件争议的焦点和认定责任的重要依据。

第三，从逻辑上讲，信用卡服务经营者附随义务的内容具有不确定性，需要按照诚实信用原则的要求，结合信用卡服务合同类型、信用卡服务合同的性质、信用卡服务合同的目的、信用卡的功能、信用卡功能的实现方式且结合信用卡服务经营者履行行为的特殊需求才能得以确定。一方面，诚实信用原则是一个以主观因素为核心的价值判断标准，是道德的法律表现。作为诚实信用原则具体适用的表现，《民法典》合同编在规定保护义务时一般都以“交易习惯”“必要注意”“合理”“尽力”等作为判断义务履行是否适当的标准。只要债务人尽到必要的注意，主观上无可责难之处，就达到了诚信的要求，不应该承担责任。[①]另一方面，信用卡服务合同的当事人之间是一种特别结合关系，双方之间具有相互信赖的关系。所以，信用卡服务经营者的附随义务，“系以客观的法律秩序基于信赖责任思想，对信赖关系当事人的行为要求”[②]。而当事人之间的信赖及其程度需要依靠当事人的主观意识为判断标准。所以，信用卡服务经营者附随义务的核心内涵就决定了其采用必然过错归责原则。

第四，信用卡服务经营者附随义务存在于信用卡服务合同的当事人之间，其义务和责任的相对人都是特定的合同相对人，而侵权责任相对人往往是不特定的第三人。所以侵权责任基于相对人的不特定性，一般以普通的注意义务为判断标准。而合同当事人之间存在信赖关系，所以应当要求更高的注意义务。违反这种基于信赖关系而产生的注意义务的违约责任归责原则，应当不同于侵权责任的一般归责原则，应当赋予责任人更为严格的认定标准。同时，信用卡服务具有高度的专业性，而且使用大量的格式合同，

① 参见叶榅平:《合同中的保护义务研究》，法律出版社 2010 年版，第 136 页。

② 陈自强:《民法讲义Ⅱ：契约之内容与消灭》，法律出版社2004年版，第80页。

其经营者处于一种绝对的优势地位，在证明责任上，应当向信用卡服务消费者倾斜，赋予信用卡服务经营者较重的证明责任。而过错推定责任恰恰能够满足和契合上述制度需求，所以，信用卡服务经营者违反附随义务的归责原则应当为过错推定原则。

二、信用卡服务经营者违反附随义务民事责任的构成要件

“违约责任的构成要件是指合同当事人应具备何种条件才应承担违约责任。”[①]信用卡服务经营者违反信用卡服务合同附随义务而承担的民事责任作为一种具体的违约责任，其构成要件在应当符合违约责任一般构成要件的同时，也具有自己独特的构成要件。借助这些独特的构成要件，能够准确判断信用卡服务经营者在具体的信用卡服务合同法律纠纷中是否需要承担违约责任，以及承担何种形式的违约责任。

（一）信用卡服务经营者违反附随义务

“违约行为，是指由一方当事人不合理拒绝或者不履行合法和强制性的合同义务，即完全不履行根据合同应负有的任何义务”[②]，即合同当事人没有按照合同约定履行合同义务的违约行为导致了

① 王利明:《合同法研究》（第二卷）（修订版），中国人民大学出版社 2011 年版，第 449 页。

② 《元照英美法词典》，法律出版社 2003 年版，第 173 页，转引自王利明:《合同法研究》（第二卷）（修订版），中国人民大学出版社 2011 年版，第 451 页。

违约责任。信用卡服务经营者违反信用卡服务合同中附随义务的行为是产生违约责任的直接原因，也是违约行为在信用卡服务合同附随义务场景中的特定化，是众多违约行为中的一类。在信用卡服务合同法律关系中，具体认定信用卡服务经营者违反附随义务应当着重把握以下几点：其一，违反附随义务的主体是提供信用卡服务的信用卡服务经营者，即提供信用卡服务的商业银行。对于信用卡服务经营者以外的银行不存在基于信用卡服务合同法律关系而产生的附随义务，因此也就不涉及违反附随义务的行为的问题。其二，违反附随义务的行为既可以是积极的作为，也可以是消极的不作为。“至于损害行为自然包括作为或不作为，可以是将在合同履行过程中得知的商业秘密泄露，也可以是怠于通知、不及时标注等。”[①]无论是哪种行为方式，只要没有依据法律的规定履行遵循诚实信用原则并结合信用卡服务合同的性质、目的、信用卡服务交易习惯、信用卡的功能、信用卡功能的实现方式等因素确定的相关义务，即构成对附随义务的违反。

（二）信用卡服务消费者遭受损害

“损害，是指因违约行为给受害人造成的不利益。”[②]利益的具体内容与不同的表现形式使得利益具有多样性，因此作为受害人

① 王艳：《附随义务之管见》，载于《晋东南师范专科学校学报》2003年第6期，第15页。

② 王利明：《合同法研究》（第二卷）（修订版），中国人民大学出版社2011年版，第464页。

不利益的表现形式的损害也可以划分为不同的类型。在合同法理论中，损害被分为财产损害和人身损害[①]，这一点使损害与损失之间有了一定区别。损失是指受害人财产权益的减损，所以损失的范围要小于损害，是损害的一部分。因此，合同义务人违反合同附随义务，合同相对人可能基于此而遭受财产损害，也可能基于此而遭受人身损害，无论是遭受财产损害还是遭受人身损害，都是判断附随义务人违反附随义务的重要条件。

合同义务人违反附随义务给合同相对人造成的损害，是其承担违反附随义务责任的重要条件，可以说"没有损害就没有责任"。具体到信用卡服务合同中，正是由于信用卡服务消费者遭受了特定损害，才使其意识到信用卡服务经营者没有按照法律规定的要求履行信用卡服务合同的附随义务。所以，信用卡服务消费者遭受的损害，不仅是判断信用卡服务经营者是否履行信用卡服务合同附随义务的重要依据，也是确定信用卡服务经营者承担违约责任的重要条件。

在信用卡服务合同法律关系中，法律规定信用卡服务经营者的附随义务的一个重要内容就是保护义务，即保护信用卡服务消费者在申请、使用以及注销信用卡服务的过程中免受财产、人身

---

① 参见胡康生主编:《中华人民共和国合同法释义》(第3版)，法律出版社2013年版，第200-203页。其在论述一般瑕疵履行和加害履行的分类时，认为当事人履行合同除有一般瑕疵外，还造成对方当事人的其他财产、人身损害的，为加害履行，所以本书认为我国合同法意义上的损害应当包括财产损害和人身损害。另参见马克敏:《浅议合同履行中的附随义务》，载于《四川师范学院学报》(哲学社会科学版)，2003年第4期，第55页。

损害。所以，对于信用卡服务消费者在申请、使用以及注销信用卡服务的过程中不存在损害危险的场合，也就没有确定附随义务的必要，只有在具有潜在损害危险的场合才有附随义务存在的必要。在一项具体的损害是基于附随义务的违反而发生的场合，我们能够判断存在潜在风险，且附随义务人没有履行相应的附随义务，所以损害是判断附随义务人是否应当承担违约责任的重要要件。所以，如果信用卡服务消费者没有遭受损害，不仅不存在对附随义务的违反，也不存在对合同义务的违反，但是若构成对附随义务的违反，必然需以存在特定的损害为前提。

（三）信用卡服务经营者违反附随义务的行为与损害之间的因果关系

因果关系理论是法律责任理论的重要内容，特别是在违约责任理论中违约行为与损失之间的因果关系是违约责任理论的重要内容，因此也成为违约责任制度的核心构成要件。信用卡服务经营者没有按照法律的规定，遵循诚实信用原则的要求履行信用卡服务合同附随义务的行为，给信用卡服务消费者造成损害的，即二者之间存在因果关系的，应当承担相应的违约责任。换一种表述方式是指，信用卡服务消费者在申请、使用以及注销信用卡的过程中如果遭受了损害，且这种损害是由于信用卡服务经营者没有履行附随义务导致的，那么可以认定二者之间存在因果关系，而合同当事人的行为与损害之间的因果关系恰恰是导致其承担责任的根本原因。所以，信用卡服务经营者违反附随义务的行为与信用卡服务消费者遭受的损害之间的因果关系是违约责任的构成要件。

在因果关系的认定标准上，本书认为没有必要每一个案件都达到追求客观的、本质的必然联系标准，只要能达到结果的可能性即可，即采用“相当因果关系”说。就信用卡服务经营者违反附随义务的违约责任而言，信用卡服务经营者违反附随义务是原因，信用卡服务消费者受到损害是结果。“在通常情况下，依社会一般见解只要认为违反附随义务的行为有致损害结果发生的可能性，就应认定两者之间存在因果关系。”①在信用卡业务实践中，经常发生因为 ATM 机被第三人安装作案设备，信用卡服务经营者没有及时发现并拆除，导致信用卡服务消费者遭受损害的案例。在这类案例中，信用卡服务经营者未提供安全的交易环境，没有尽到应有的附随义务，但是这种附随义务的违反并不必然导致信用卡服务消费者受到第三人侵害，而是为侵权人侵权创造了条件。信用卡服务经营者附随义务不仅具有促进履行利益的功能，同时亦有保护信赖利益的功能。即当信用卡服务经营者因为违反附随义务造成消费者的利益受到损害时，可以认定违反附随义务的行为为侵权行为的发生创造了一定有利条件，条件和损害之间存在相当的因果关系。正是信用卡服务经营者为侵权行为的发生创造了有利条件，所以应当承担违反附随义务的违约责任。如果信用卡服务

---

① 彭诚信、朱琨：《合同履行中违反附随义务的法律效果》，载于《政法论丛》2005 年第 5 期，第 52 页。

经营者直接参与侵权行为，那么其就应当承担侵权责任。

（四）信用卡服务经营者的过错

合同履行中的过错，是指“合同当事人没有法定或约定的依据而不履行或者不适当履行合同义务，或者是一种违反合同的应受谴责的主观心理状态”[①]。对于采用过错推定原则的信用卡服务经营者违反附随义务的违约责任制度，过错具有重要乃至核心的法律地位。只有信用卡服务经营者具有主观的可归责性，也就是存在一定过错，才能承担相应的违约责任，否则不需要对违约行为造成的损害承担违约责任。

信用卡服务经营者的附随义务以诚实信用原则为基础，而诚实信用原则是一个以主观因素为核心的价值判断标准，是道德的法律表现。此外，信用卡服务合同的当事人之间是一种信赖性较强的合同法律关系，而当事人之间的信赖及其程度依靠当事人的主观意识为判断标准。可见，在依据过错推定原则认定信用卡服务经营者违反附随义务的违约责任时，对信用卡服务经营者诚实信用的判断和双方当事人信赖关系程度的判读，直接影响着对服务经营者是否存在过错的判断，所以过错的认定标准直接影响着信用卡服务经营者是否违反附随义务以及其违约责任是否成立。

“过错是一种行为上的错误，一个谨慎的人处在造成损害的同

---

① 王利明:《合同法研究》（第二卷）（修订版），中国人民大学出版社 2011 年版，第 459 页。

样的外部环境中是不会犯这种错误的。”[①]过错是指没有达到法律为了免受损害而设定的行为标准的行为，所以错误的认定标准可以视为信用卡服务经营者对一定行为标准的违反。对于信用卡服务经营者在履行附随义务的过程中是否存在过错，我们可以按照如下标准来判断：

第一，法律的明确规定。如果法律规定了明确的行为标准，那么信用卡服务经营者没有遵循该行为标准就存在过错。关于信用卡服务经营者违反附随义务在什么情况下承担民事责任，我国现有法律没有做出明确规定，即我国法律并没有规定过错的判断标准。司法实践中对于该类民事责任的认定和适用，主要是依据《商业银行法》以及相应的信用卡业务监管规定等进行确定。特别是信用卡业务的监管机构在监管规范中对信用卡服务经营者规定的行为要求，可以作为认定其是否存在过错的重要依据。

第二，密切联系原则。信用卡服务合同当事人之间基于信用卡业务而订立了信用卡服务合同，在认定过错的过程中需要结合特定的信用卡功能及功能实现方式。不同类型的信用卡服务，对认定服务经营者的行为是否存在过错能够产生影响。在第二章开头的案例中，争议的焦点是银行是否需要对客户基于ATM机存在的安全隐患所遭受的损失承担责任，而解决争议的关键是银行对ATM机存在的安全隐患是否存在过错的判断。在信用卡服务中，

---

① 王利明：《侵权行为法归责原则研究》，中国政法大学出版社2003年版，第202页。

ATM 机是一种极为重要而且被普遍适用的工具，ATM 机的安全对信用卡服务消费者的履行利益和固有利益都产生重要影响，所以应当赋予银行一种较高程度的注意义务和较为严格的行为标准。因此，银行对于未及时发现犯罪嫌疑人安装在 D 银行 ATM 机上的摄像头、没有排除交易环境的安全隐患具有过错，因而应当承担责任。

第三，信用卡服务消费者的合理期待。合同附随义务作为诚实信用原则在合同法领域的具体体现，保护的是合同当事人在缔结、履行合同过程中对对方行为的合理信赖与期待。该信赖与期待，应以一般人能合理预见的范围为限。[①] 在绪论的“邱某诉工行万通支行信用卡纠纷案”中，上诉人称涉案交易所使用的克隆卡，是被上诉人 10 年前已停止发行和使用的信用卡，但仍然发生 POS 机消费和 ATM 机取款的事实。由此充分证明，银行无论是管理、技术还是相关的处理程序，均未达到一审判决所认定的“严密”程度。依照一般信用卡服务消费者的期待，银行应当能够有效识别伪造的卡片，本案中，银行明显没有达到一般信用卡服务消费者的合理预期，对第三人盗刷行为给消费者造成的损害存在过错，应当承担责任。

① 刘力:《附随义务三题——以审判实践为中心兼及对理论之检讨》，载于《法学》2005 年第 11 期，第 74 页。

三、第三人侵权中信用卡服务经营者的追偿权

信用卡服务经营者附随义务一方面具有促进履行利益的功能，即通过辅助给付义务的实现而增强给付义务的履行效果；另一方面具有保护信用卡服务消费者信赖利益的功能。附随义务的违反往往会导致消费者的利益受到损害，即为第三人侵权行为的发生“创造”一定有利条件而使信用卡服务消费者遭受损害。所以在信用卡服务经营者违反附随义务的信用卡纠纷案件中，很多案件中存在第三人侵权的情况。由于信用卡服务经营者为第三人侵权“创造”了条件，信用卡服务经营者需要对因第三人侵权给信用卡服务消费者造成的损害承担责任。所以，有必要在信用卡服务经营者违反附随义务民事责任的认定与归结中，简单讨论一下信用卡服务经营者的追偿权问题。

在因信用卡服务经营者违反附随义务而致第三人侵害信用卡服务消费者合法权益的案件中，第三人对信用卡服务经营者和消费者承担侵权责任自不必说。但现实情况往往是找不到侵权人或者侵权人没有赔偿能力，因此才有了本书重点研究的如何在信用卡服务经营者和消费者之间分配责任的问题。但是信用卡服务合同当事人并非法律关系中全部的当事人，不论在他们之中何方承担损失后，都应向真正的侵权人追偿。从行为模式上看，是第三人和信用卡服务经营者双方的行为共同造成了信用卡服务消费者

的损失，所以他们之间构成不真正连带责任。《民法典》第 593 条规定：“当事人一方因第三人的原因造成违约的，应当依法向对方承担违约责任。当事人一方和第三人之间的纠纷，依照法律规定或者按照约定解决。”所以，在信用卡服务经营者违反附随义务而承担相应的违约责任后，可以在其所承担民事责任的范围内，向真正侵权的第三人要求赔偿，即享有追偿权。

第三节　信用卡服务经营者违反附随义务民事责任与损害赔偿

信用卡服务经营者在提供信用卡服务的过程中，如果没有按照法律规定履行相应的附随义务，将导致对信用卡服务消费者权利以及利益的损害，其中信用卡服务消费者遭受的财产损失是其损害的主要形态，因此损害赔偿责任也就成为信用卡服务经营者承担违反附随义务违约责任的主要形式。损害赔偿是现代私法中私权救济最重要的救济制度，我国《民法典》合同编以及有关司法解释将损害赔偿作为违约责任的一种重要形式，对其做出了一般性的规定。[①] 但是上述条款是就所有类型的典型以及非典型合同的违约责任做出的一般性规定，虽然可以作为处理信用卡服务合同纠纷案件的裁判依据，但是由于信用卡服务合同具有自己的特点，

① 参见《民法典》第 179 条、第 186 条、第 577 条、第 584 条等。

因而就信用卡服务合同的个案而言缺少针对性，不利于司法实践中统一信用卡服务合同纠纷的裁判尺度，客观上容易导致裁判矛盾，影响司法的权威和司法公信力。为此，相关立法机构在规范具体金融业务的法律法规中结合具体的金融业务，对与信用卡服务合同有关的法律问题做出了进一步的规范。[①] 在这些规范性法律文件中，针对信用卡服务经营者违反法律规定的义务构成对信用卡服务合同附随义务违反的，明确规定信用卡服务经营者应当承担损害赔偿的责任。综上，我国信用卡服务经营者违反信用卡服务合同附随义务所承担损害赔偿违约责任的依据，为《民法典》《商业银行法》以及人民银行、银行业监督管理委员会就信用卡服务所制定的规范性文件。

一、信用卡服务经营者损害赔偿的基本原则

《民法典》第 584 条规定："当事人一方不履行合同义务或者履行合同义务不符合约定，造成对方损失的，损失赔偿额应当相当于因违约所造成的损失，包括合同履行后可以获得的利益；但是，不得超过违约一方订立合同时预见到或者应当预见到的因违约可能造成的损失。"该条是我国《民法典》在立法上关于因违约行为

---

① 参见《商业银行法》第 73 条,《农村商业银行管理暂行条例》第 60 条,《农村合作银行管理暂行条例》第 63 条,《储蓄管理条例》第 37 条,《中国人民银行关于执行〈储蓄管理条例〉的若干规定》第 42 条,《电子支付指引》(第一号)第 42 条,《电子银行业务管理办法》第 89 条,《支付结算办法》第 230 条之规定。

应当承担的损害赔偿责任的基本规定，也就是《民法典》所确立的全面赔偿原则。它确定了损害赔偿的一般原则，即“赔偿损失的范围可由法律直接规定，或由双方约定。在法律没有特别规定和当事人没有另行约定的情况下，应按完全赔偿责任，赔偿全部损失，包括直接损失和间接损失”[①]。

完全赔偿原则是违约损害赔偿的一般原则，违反信用卡服务合同附随义务的信用卡服务经营者，应当对因其违反信用卡服务合同附随义务给信用卡服务消费者所造成的损失，进行完全赔偿。即信用卡服务消费者遭受多少财产损失，就应当得到多少赔偿，既包括积极利益的损失也包括消极利益的损失，即有损害即应有赔偿。信用卡服务经营者的附随义务不仅针对保护信用卡服务消费者的固有利益，而且促进信用卡服务消费者的履行利益。因此，从信用卡服务经营者附随义务所指向的利益来看，对其违反所产生的赔偿责任，应当为针对其覆盖的所有利益的救济，即按照全面赔偿的原则予以赔偿。在我国《民法典》颁布实施前，我国原《民法通则》第112条并没有将损害赔偿限制在履行利益，同时我国原《合同法》进一步确认了全面赔偿的原则。所以根据体系解释，信用卡服务经营者违反附随义务承担的损害赔偿责任应当按照完全赔偿原则来确定相应的赔偿数额，具有充分的法律依据。

---

① 胡康生主编:《中华人民共和国合同法释义》(第3版)，法律出版社2013年版，第205页。

二、信用卡服务经营者损害赔偿的范围

信用卡服务经营者损害赔偿的范围所要解决的问题是信用卡服务消费者利益的保护范围问题，即如果信用卡服务经营者违反附随义务给信用卡服务消费者带来了利益损害，那么对哪些利益损害应当予以赔偿。解决这个问题首先需要对信用卡服务消费者基于信用卡服务合同所享有的利益进行分析和归类，在此基础上才能实现对利益损失的赔偿。因此，本书根据我国合同法理论关于合同利益的既有研究成果来展开研究。

（一）关于履行利益

履行利益，是指基于对生效合同的全面适当履行而获得的利益，包括履行本身，因其具有增加债权人财富的作用，所以又称为积极利益。我国《民法典》第 584 条第 1 款关于损失的进一步界定，即损失包括合同履行以后可以获得的利益的内容，被认为是对履行利益的立法确认。债权人对于债务人违反合同附随义务得否请求履行利益的损害赔偿，虽然学理上有持肯定的观点，但是这种观点没有法律的明确规定。[①] 附随义务虽然在产生方式、义务

① 参见姚志明：《诚信原则与附随义务之研究》，元照出版有限公司 2003 年版，第 86 页。经过研究，作者认为，附随义务之违反时，可否请求履行利益之赔偿，学理上或有采肯定之见解，不过并无明文之规定。

功能等方面不同于给付义务等合同约定义务，但是其也是合同义务的一部分，而且法律根据特定合同的性质、合同目的和交易习惯确定义务人负有特定附随义务，其目的就是通过增强主给付义务的履行效果来最大限度地保护合同债权人的利益。所以，违反合同附随义务必然要使债权人减少因合同履行而获得的利益。如果债权人因合同未履行而遭受的利益损失是履行利益的损失，那么违约人就应当对此予以赔偿。

在信用卡服务合同中，信用卡服务经营者适当履行附随义务可以提高服务质量，进而提高信用卡服务消费者的服务体验。这种对高质量服务的体验就是履行利益，信用卡服务经营者提供较高质量的信用卡服务本身就是信用卡服务消费者订立、履行信用卡服务合同的重要目的，是信用卡合同履行给信用卡服务消费者带来的生活享受。关于信用卡服务经营者提高服务质量的重要性，在其他方面也有所体现，如很多信用卡服务经营者将高质量的服务广告作为吸引消费者和扩大潜在消费客户的重要手段，就是因为服务质量是信用卡服务消费者选择使用信用卡的重要标准。这一点还可以借鉴英国合同法损害赔偿制度的一些有益探索，如杰安西勋爵（Lord Jauncey）在鲁克斯利电子建设有限公司与福赛斯案（Ruxley Electronics & Construction Ltd V. Forsyth）中所提出的消费者额外利益。他认为消费者额外利益是消费者从购买的产品或服务那里获得的福利，例如享受厨具的方便、享受花草的美丽等。[①]信用卡服务经营者面向其消费者提供的信用卡服务所体现的服务质量的不同，给消费者带来的消费体验和感受亦会不同。开展信用卡业务的经验告诉我们，信用卡服务经营者附随义务的履行程度恰恰体现在服务质量上的差异。因此，信用卡服务经营者如果没有恰当地履行附随义务，可能会造成信用卡服务消费者履行利益的损害，信用卡服务经营者应当承担违约责任。

（二）关于信赖利益

"信赖以及信赖利益的保护几乎成为我们所处时代的最具典型性和代表性的话语。"[②]信赖因其对维护交易秩序稳定的突出功能而成为现代私法体系中的重要原则，进而成为指导各项私法制度构建的重要指针，特别是对以规范动态交易关系为首要使命的合同法而言，将信赖原则以及基于该原则形成的具体规则贯穿于合同的订立、履行、终结的始终。在这一过程中，主要借助如何保护和实现信赖利益进行制度设计。在合同订立阶段和合同终了之后，通过缔约过失责任与后合同义务违反责任实现了对信赖利益的保护。在合同履行阶段，通过违约责任损害赔偿有效保护了信赖利益。

---

① D. Harris, A. Ogus and J. Philips, "Contract Remedies and the Consumer Surplus", (1979) 95 *Law Quarterly Review* 581，转引自陈任：《英国合同赔偿制度研究》，法律出版社 2013 年版，第 195 页。

② 马新彦：《信赖原则在现代私法体系中的地位》，载于《法学研究》2009 年第 3 期，第 104 页。

在信用卡服务合同中，信用卡服务经营者违反附随义务是否损害消费者的信赖利益，正是所谓的因合同不履行或不适当履行是否产生信赖利益损失的问题。“因合同不履行所产生的信赖利益损失，是指合同当事人因信赖对方将履行合同而支付一定代价或费用，因一方不履行或不适当履行合同，将造成另一方上述代价或费用的损失。”[①] 例如，信用卡服务消费者在办理自助取款业务的过程中，因自助取款设备存在安全隐患导致没有办理取款业务，后信用卡服务消费者电联信用卡服务经营者询问原因，被告知设备存在故障但未能及时通知广大客户。信用卡服务消费者为办理取款业务支付了交通费、电话费等费用，那么在这种情况下，信用卡服务经营者是否需要对交通费、电话费予以赔偿。本书认为，对于上述损失应当予以赔偿。基于信用卡服务合同中关于自助设备 24 小时提供服务的约定可以办理相关提款、存款业务，信用卡服务消费者对于成功办理相关自助业务具有信赖的基础。信用卡服务经营者提供的 ATM 机 24 小时自助服务是合同的主要义务，但是当 ATM 机需要维护或者因为其他合理事由无法使用的时候，信用卡服务经营者应当按照诚实信用原则的要求，将 ATM 机无法使用的情况及原因及时通知给信用卡服务消费者。如果信用卡服务经营者没有履行上述通知义务，信用卡服务消费者有理由相信 ATM 机能够提供相应的信用卡服务，然而基于对上述事实的信

① 王利明:《合同法研究》(第二卷)(修订版)，中国人民大学出版社 2011 年版，第 641 页。

赖产生了损失，对此应该认定为信赖利益的损失，应当由信用卡服务经营者进行赔偿。对于因信赖而遭受的利益损失，应当以实际遭受的损失为限。对于实际损失以外可能遭受的损失，不属于信赖利益的损失。所以，受害人主张信赖利益的损失应当提供证据证明其所遭受的损失的实际数额。

三、信用卡服务经营者损害赔偿的限制

我国《民法典》合同编的相关规则通过可预见性标准的引入以及减轻损失规则、过失相抵规则的确立，对义务人因违约而承担的损害赔偿责任做出了限制。这有利于实现合同正义，合理确定损害赔偿的范围。确定信用卡服务经营者违反信用卡服务合同附随义务所承担的损害赔偿责任，应当适用可预见性标准、减轻损失规则和过失相抵规则。

（一）关于可预见性标准

《民法典》合同编第 584 条规定："当事人一方不履行合同义务或者履行合同义务不符合约定，造成对方损失的，损失赔偿额应当相当于因违约所造成的损失，包括合同履行后可以获得的利益；但是，不得超过违约一方订立合同时预见到或者应当预见到的因违约可能造成的损失。"可见，《民法典》在规定完全赔偿原则的同时，还规定了可预见性规则。从可预见规则的发展看，该规则的

适用范围主要取决于不同时期的政策判断。[①]根据可预见性标准，信用卡服务经营者承担的损失赔偿责任，不能超过其订立合同时可以预见的因违约行为而产生的损失。“在考虑违约方应当预见的内容时，原则上限于违约方合理预见的损失，即依照交易的发展，在通常情况下违约可能造成的损失。”[②]对于是否应当要求信用卡服务经营者根据信用卡服务消费者使用信用卡的情况以及信用卡服务消费者的其他情况，预见违约行为可能给信用卡服务消费者造成的特殊的损失，以及损失的类型、损失的范围等问题，本书持否定观点。

信用卡服务合同不同于一般类型的合同，信用卡服务经营者面对海量客户订立了信用卡服务合同，如果要求其对每一位客户都非常了解，不仅客观上不可能，而且这样的要求对于信用卡服务经营者不公平，课以了过重的义务和负担，不利于金融业务的开展与发展。除非信用卡服务经营者基于特殊的业务关系和往来实践，对特定信用卡服务消费者有更为深层次的了解和掌握。所以，需要将信用卡服务经营者的可预见内容控制在一个合理的范围内，其只在可能合理预见到的损害范围内承担违反附随义务的责任，对不能预见到的损害从赔偿范围中予以扣除。即如阿斯奎斯（Asquith）所言：“在一般情况下，作为一个理智正常的人，能

---

① 参见孙良国：《合同法中可预见规则研究》，载于《国家检察官学院学报》2011 年第 6 期，第 117 页。

② 王利明：《合同法研究》（第二卷）（修订版），中国人民大学出版社 2011 年版，第 675 页。

够知道依违约事件的通常进程所产生的损失。”[①]

（二）关于减轻损失规则

《民法典》合同编第591条规定："当事人一方违约后，对方应当采取适当措施防止损失的扩大；没有采取适当措施致使损失扩大的，不得就扩大的损失请求赔偿。当事人因防止损失扩大而支出的合理费用，由违约方负担。”关于减轻损失规则，简称为减损规则，是指在一方因违约行为给合同相对方造成损失后，合同相对方应当及时采取合理措施防止损失的扩大，否则应对扩大部分的损失负责。根据韩世远先生的研究结果，减损规则最初是在320多年前的英国的一则普通法案例中萌芽的。[②]到了现代，这一规则已经为很多国家的立法和判例以及有些国际性法律规范所承认和采纳。[③]我国《民法典》合同编第591条之规定的内容，为司法实践中限制信用卡服务经营者承担违约损失赔偿的范围提供了具体的法律依据。当信用卡服务的消费者因信用卡服务经营者没有履行附随义务遭受了财产损失时，应当及时采取合理的措施避免损失的扩大。对于所采取的措施是否合理，应当结合具体情形予以

① Victoria Laundry (Windor) Ltd. V. Newman Industries Ltd.［1949］2 KB 528.转引自王利明：《合同法研究》（第二卷）（修订版），中国人民大学出版社2011年版，第673页。

② 参见韩世远、［日］下森定主编：《履行障碍法研究》，法律出版社2006年版，第13页。

③ 参见我国《民法典》第509条，我国原《民法通则》第114条，我国原《合同法》第119条，《德国民法典》第254条，《联合国国际货物销售合同公约》第77条等。

判断，即合同履行中的情况千变万化，无法对合理措施做出穷尽的列举，可以交给法官结合具体案件予以裁定。如绪论中提到的案例二，我们假定邱某在还款期届满后不及时偿还欠款，那么将产生额外的超期还款利息，对于这部分利息应当由谁来承担呢?本书认为可以根据合同损害赔偿的减损规则解决这一问题，即在还款期限届满前，应当由持卡人先行垫付信用卡欠款余额，这样便不会产生超期还款的利息问题，可以使双方争议的涉案金额得到限制。对于消费者先行垫付的资金，待法院裁判结果得出以后，如果信用卡服务经营者基于自身的过错应当承担损害赔偿责任，那么由信用卡服务经营者向信用卡服务消费者支付其先行垫付的款项；如果信用卡服务经营者没有过错，那么由其先行垫付的资金也是用于偿还自己的债务，具有合理性。因此，减损规则对于限制损失扩大，保护双方当事人的合法权益具有重要作用。

（三）关于过失相抵规则

除上述可预见性标准与减轻损失规则外，我国立法应当引入过失相抵规则。《民法典》第 592 条规定："当事人都违反合同的，应当各自承担相应的责任。当事人一方违约造成对方损失，对方对损失的发生有过错的，可以减少相应的损失赔偿额。"所谓过失相抵，是指在合同履行中合同当事人对基于自己的过错所遭受的损失由自己负担。信用卡服务消费者在使用信用卡服务的过程中遭受的损失，很多情形下自身对此也存在一定过错，如在利用自助取款设备进行操作时没有尽到小心谨慎的义务，导致银行虽然对此做出了提示但是没有起到应有的效果，最终遭受财产损失。在这样的情况下，应当适当考虑信用卡服务消费者的过错，使其承担部分损失赔偿责任。

在绪论的案例二“邱某诉工行万通支行信用卡纠纷案”中，法院认为，使用涉案信用卡进行消费、取现，应满足两个条件：一为有效合法的信用卡；二为正确有效的密码。两个条件同等重要，缺一不可。在信用卡刷卡消费、取现过程中，发卡银行负有安全保障及谨慎审查信用卡的义务；持卡人负有谨慎保护密码的义务。而在本案中，由于发卡银行对于储户的密码保护设有相当严格的程序，邱某对于密码如何泄露的事实负有举证责任。现邱某未能提供证据证明是由于工行万通支行的原因导致邱某的账户密码泄露，应承担举证不能的法律后果，故原审法院认定邱某未能尽到妥善保管密码的责任，导致密码被他人得知，对其自身损失亦有过错，应承担相应责任。本案中银行没有尽到谨慎的审查义务，同时持卡人因未能谨慎保护密码，因而同样存在过错，所以法院最终认定双方各自负担 50% 的责任是合理的。

第四节　信用卡服务经营者违反附随义务民事责任的其他形式

在信用卡服务经营者违反附随义务给消费者造成损失的情况下，损害赔偿固然是最恰当的责任形式。但是，在信用卡服务纠纷中还存在一些少数情况，如信用卡服务经营者违反了附随义务的要求，但是没有给消费者造成损失，这种情形下适用以存在损害为前提的损害赔偿责任显然不合适，那么是否可以要求信用卡服务经营者承担其他形式的民事责任呢？本节围绕继续履行、违约金、定金、赔礼道歉、恢复信誉、解除合同等责任形式进行尝试性的讨论。需要说明的一点是，虽然关于赔礼道歉、恢复信誉及解除合同是否属于违约责任形式存在争议，但是基于其与信用卡服务经营者违反附随义务的违约行为之间具有重要关系，故将上述问题一并放入信用卡服务经营者违反附随义务民事责任的其他形式中一并讨论。

一、信用卡服务经营者违反附随义务与继续履行

继续履行责任又称强制履行责任、强制实际履行责任以及实际履行责任，是指义务人违反合同义务时合同相对人有权要求其依据合同继续履行的违约责任形式。继续履行是合同义务人违反合同义务承担违约责任的重要形式，亦是首选的责任形式，[①] 我国《民法典》合同编第 577 条规定："当事人一方不履行合同义务或者履行合同义务不符合约定的，应当承担继续履行、采取补救措施或者赔偿损失等违约责任。"

学界对合同当事人违反合同约定的给付义务而承担继续履行

① 参见庞景玉、何志：《合同纠纷裁判依据新释新解》，人民法院出版社 2014 年版，第 285 页。

的违约责任没有争议，但是关于违反给付义务的责任形式“是否及于附随义务的违反，未臻明确。为期涵盖，得扩张解释不完全‘给付’，使附随义务违反的情形得以适用，但是这种扩张适用涉及民事责任制度的变革与发展，应借助司法判例学说的协力，积极探索其中的理论脉络，进而推动法律发现”[①]。虽然法律没有明确规定义务人违反合同附随义务，债权人可以要求其承担继续履行的责任形式，但是学说为其适用留下了探讨的空间，可以通过司法实践来探索、发展和完善民事责任体系。

信用卡服务经营者违反信用卡服务合同中的附随义务，应当对此承担相应的违约责任，信用卡服务消费者要求信用卡服务经营者承担继续履行责任的，信用卡服务经营者应当承担继续履行的违约责任。信用卡服务经营者违反信用卡服务合同中的附随义务的，可以通过继续履行的责任形式来承担违约责任，理由如下：其一，继续履行是违约情况发生时，违约方承担责任的首选方式，因为继续履行比采取补救措施、赔偿损失或者支付违约金等违约责任形式更有利于实现合同目的。[②]当然，继续履行也有一定缺点，如判决执行比较难、法院不适合监督等。[③]信用卡服务经营者在信用卡服务合同中所负的附随义务，其功能主要是围绕提高服务质

---

① 王泽鉴：《债法原理》（第一册）（基本理论·债之发生），中国政法大学出版社2001年版，第44页。

② 参见庞景玉、何志：《合同纠纷裁判依据新释新解》，人民法院出版社2014年版，第285页。

③ E. Allan Farnsworth, *Farnsworth on Contracts(Vol. III)*, Wolters Kluwer Law & Business, 2004,pp.183–184.

量、提升服务体验、保护信用卡服务消费者权益而由法律设定的，信用卡服务经营者因没有按照法律的要求履行或者履行迟延以及履行不完全而承担违约责任的，可以通过继续履行的形式促进合同目的的实现。其二，继续履行是信用卡服务经营者违反合同义务后承担违约责任的重要形式，附随义务虽然不同于给付义务，但也是合同义务，所以因违反合同义务而承担的违约责任形式可以扩展适用于违反附随义务的情形。因此，信用卡服务经营者违反信用卡服务合同附随义务而承担继续履行的违约责任并无不妥。其三，信用卡服务合同附随义务以具有辅助功能和保护功能的义务为主，在发生债务人不履行的场合，如果没有为债权人造成一定损害，可以要求其通过继续履行的方式予以补救，即虽然没有“亡羊”但是可以“补牢”。其四，信用卡服务合同多为继续性合同，要求信用卡服务经营者在违反信用卡附随义务时承担继续履行的违约责任，不影响合同目的的实现。所以，信用卡服务经营者违反信用卡服务合同附随义务，可以承担继续履行的违约责任。

合同义务总体上可以分为金钱义务和非金钱义务，合同附随义务的功能决定了其具体内容更多的为非金钱义务，特别是信用卡服务经营者在信用卡服务合同中负有的附随义务主要为非金钱债务。因为我国《民法典》合同编第 580 条，就非金钱债务的继续履行规定了三种例外情形，即法律上或事实上不能履行；债务的标的不适于强制履行或者履行费用过高；债权人在合理期限内未请求履行。所以信用卡服务经营者可以在上述三种情形下不再承担继续履行的违约责任，而通过其他责任形式承担违约责任。

二、信用卡服务经营者违反附随义务与违约金、定金责任

我国《民法典》合同编除确立了损害赔偿、实际履行等违约责任形式外，还分别在第585条、第586条以及第588条专门规定了违约金与定金的违约责任形式。那么对于信用卡服务经营者违反信用卡服务合同的附随义务，信用卡服务消费者是否可以请求信用卡服务经营者承担违约金或定金的违约责任，立法、判例以及现有学说并未给出回应。其原因主要是，实践中的信用卡服务合同是由信用卡服务经营者制定的格式合同，信用卡服务经营者的强势地位使其不愿意在合同条文中约定对其不利的条款。但是，随着对信用卡服务消费者权益保护的加强，不排除在合同条文中对信用卡服务经营者违反附随义务的违约金责任、定金责任做出约定。一方面，这可以充分平衡信用卡服务合同主体之间权利、义务关系；另一方面，这也有利于在因信用卡服务经营者违反附随义务引发的法律纠纷中，通过直接适用违约金和定金规则快速解决纠纷。因此，本书试进行研究与探讨。

首先，对于违约金和定金的违约责任可以按照意思自治的原则，由信用卡服务合同的当事人进行自行约定，如果信用卡服务经营者与信用卡服务消费者就违反附随义务约定承担违约金责任或者定金责任的，那么按照当事人的约定处理。其次，如果信用卡服务经营者和信用卡服务消费者对此没有进行约定，则没有适

用违约金与定金的前提，可以按照损害赔偿的计算规则来计算相应的损害。实践中，信用卡服务经营者负担的附随义务主要是为辅助给付义务的实现以及保护信用卡服务消费者利益而存在，因此应结合信用卡服务合同所涉信用卡的类型、信用卡的功能、信用卡功能的实现方式以及相应的交易习惯来确定。因此债权人如果因此而遭受了财产损失，可以借助损害赔偿的责任予以救济，损害赔偿的责任形式足以为其提供救济的途径和补偿可能损失。

三、信用卡服务经营者违反附随义务与赔礼道歉、恢复信誉等责任形式

一般而言，只有在造成人身损害的情况下才有赔礼道歉、恢复名誉等责任形式的适用。而信用卡服务经营者违反附随义务的行为，一般情况下不会造成人身损害，因此即使信用卡消费者认为信用卡服务经营者的行为导致自己的信用记录不良从而导致自己名誉受损，法院也不会支持其赔礼道歉、恢复名誉等诉讼请求。例如，在上海市第一中级人民法院审理的“张某诉中国建设银行股份有限公司信用卡中心信用卡纠纷”一案中，上诉人张某在信用卡账单最后还款日的 21 点后向被上诉人的 ATM 机存款以偿还信用卡欠款，并当场收到由 95533 发送的还款短信通知，但被上诉人中国建设银行股份有限公司信用卡中心以上诉人存款时已经超过了银行当天营业时间，银行的当日营业终了和次日营业终了是以 1 天的计算周期为由认为上诉人无法形成当日还款，造成欠款逾期，

因此多扣划上诉人账户中的款项。上海市第一中级人民法院认为，“被上诉人未提供证据证明其已经向上诉人明确告知了应在营业网点营业时间结束前进行还款，上诉人对此并不知情。即使如被上诉人所称，上诉人晚于应还款时间还款，也是因被上诉人未履行相应的告知义务造成，应由被上诉人承担相应的不利后果”。对于上诉人因此提出的赔礼道歉请求，该院认为，“赔礼道歉主要适用于侵害人格权益的情形。因本案被上诉人侵害的是上诉人的财产权，故不适用赔礼道歉责任方式”。[①]

此外，因违约导致的精神伤害和情感伤害，法院一般不会给予任何赔偿。[②]信用卡服务经营者违反附随义务的行为有时会伴随着对信用卡服务消费者人身权益的损害，特别是当某些人身权益的损害无法用金钱予以衡量时，在合同法律关系的框架下，如果通过承担违约责任予以补救，在我国现行违约责任体系下没有一个恰当的责任形式，因此如果消费者以信用卡服务经营者违反附随义务为由提起违约之诉，并要求信用卡服务经营者承担赔礼道歉、恢复名誉等责任，不会得到法院支持。而若消费者对信用卡服务经营者违反附随义务的行为提起侵权之诉，如果其人身权益受到损害，应考虑赋予消费者要求信用卡服务经营者承担赔礼道歉、恢复名誉等责任的权利。

另值一提的是，笔者并不赞成违约责任不应包括赔礼道歉、恢

① 上海市第一中级人民法院（2015）沪一中民六（商）终字第54号民事判决书。

② Joseph M. Perillo, *Calamari and Perillo on Contracts(Sixth Edition)*, A Thomson Reuters business, 2009, p.495.

复名誉等责任形式的观点。笔者认为，承担责任的形式应当与所受到的损害相关，而不应根据原告提起诉讼的案由予以区别。在因违约造成人身损害的情况下，不应因为原告提起的是违约之诉就拒绝与人身损害相关的赔礼道歉、恢复名誉等责任的适用。在我国未来推动金融服务合同典型化的过程中，应当考虑扩充现有的违约责任形式，应当允许在某种情况下将赔礼道歉、恢复名誉等作为违约责任的承担方式之一。

四、信用卡服务经营者违反附随义务与解除合同[①]

我国《民法典》合同编第563条规定，在五种情形下当事人可以解除合同。在该条款中并没有说明违反附随义务时，当事人能否解除合同。信用卡服务经营者附随义务不仅针对消费者的固有利益，而与履行利益和合同目的也有直接联系。但是解除合同往往是在实现不了合同目的的情况下才能适用，从这个角度讲，信用卡服务经营者违反附随义务，信用卡服务消费者可以请求解除信用卡服务合同。“相对于给付义务而言，附随义务只是附随的，但这并不意味着附随义务是不重要的。相反，在很多情况下，违反附随义务将会给另一方造成重大损害，甚至可构成根本违约。”[②]

---

① 需要说明的是，在某种意义上，因违约导致的合同解除是使违约方承担不利的一种法律后果，对违约方而言是一种因违约而承受的责任，实际上就是一种违约责任。因此，本书将信用卡服务经营者违反附随义务与解除合同放在违约责任这一部分进行分析。

② 王利明：《论合同法的新发展》，载于《江海学刊》2003年第2期，第118页。

就信用卡服务经营者附随义务的产生、确定而言，其附随义务是在信用卡服务合同履行过程中按照法律的有关规定，本着诚实信用原则的要求，结合合同的性质、目的等因素确定的一项义务。所以，信用卡服务经营者附随义务的产生是以有效存在的合同为依据，且为确保信用卡服务经营者全面履行合同义务而通过法律设定的具有辅助功能的义务。但是其影响着信用卡服务的质量，进而影响着信用卡服务消费者的消费体验和感受。而且随着生活水平的提高，人们关于服务质量、服务体验本身所提出的要求也可以视为合同履行利益的一部分。这就决定了信用卡服务经营者的附随义务并非与履行利益和合同目的断然无关。既然信用卡服务经营者的附随义务是为确保其全面履行信用卡服务合同义务，那么当信用卡服务经营者违反附随义务时，就会影响其服务感受和服务体验，并使信用卡服务消费者基于信用卡服务合同的履行利益一起受损。如果这种损害足以使消费者订立信用卡服务合同的目的从根本上无法实现，再强迫消费者遵守信用卡服务合同显然有违公平。如动摇当事人间之信赖关系，债权人得据以解除或终止契约，其特别是对持续性契约或继续性契约有意义。[①] 因此本书认为，在信用卡服务经营者违反附随义务导致信用卡服务经营者无法实现信用卡服务合同目的的场合，可以请求解除信用卡服务合同。

---

① 黄茂荣：《债法总论》（第二册），中国政法大学出版社 2003 年版，第 394 页。

结　论

信用卡业务快速发展所产生的影响已经不止于促进经济发展、提高人们生活效率、保障交易安全等方面，它进一步要求我们与时俱进地改造、升级配套的法律制度。在改造、升级配套的法律制度的同时，使信用卡业务得以规范运行，即以良法促进对金融业务的善治。信用卡服务经营者附随义务制度有助于规范信用卡服务经营者的从业行为，所以应当给予重视。

本书通过研究认为，信用卡服务经营者附随义务并非合同附随义务在信用卡领域的简单适用，从该义务产生、内容确定到履行以及违反后所引起的法律后果有一套完整的具体规则。这些具体规则彰显了信用卡服务经营者附随义务的特点，表征了信用卡服务经营者附随义务的功能，涵盖了信用卡服务经营者附随义务的具体类型，不仅是信用卡服务经营者附随义务成为独立研究课题的根本基础，而且是信用卡服务经营者附随义务理论作用于实践的制度桥梁和规范纽带，最终使信用卡服务经营者附随义务的理论意义和实践价值得以淋漓尽致的展现。

对信用卡服务经营者附随义务的研究必须立足于信用卡业务的实践。本书立足于信用卡业务实践，以此为基础构建了信用卡服务经营者附随义务的具体规则。面对变化无穷的具体义务，信用卡服务经营者附随义务的类型构成确立其规则构建的基本范畴。信用卡服务经营者附随义务的类型构成，借助于附随义务所指向的不同客体及义务的行为方式，实现了将纷繁复杂的义务内容类型细化为保护义务、通知义务、保密义务等。基于类型构成建构的信用卡服务经营者附随义务的规则范畴，是细化、明确信用卡服务经营者附随义务的具体内容、履行方式或措施的前提。在这种范畴框架内构建的规则顺应该义务的自身属性，使得在内容确定方法、具体内容、义务履行方式或措施等具体规则上具有显著差别的附随义务的具体类型，能够非此即彼地共存于信用卡服务经营者附随义务体系内。

确立科学的归责原则与恰当合理的责任形式是信用卡服务消费者得到有效救济的重要保障。本书通过对信用卡服务经营者违反附随义务典型案例的研究，发现实践中倾向于按照过错推定原则来认定信用卡服务经营者违反附随义务的违约责任。本书认同上述实践中形成的有益经验，即应当按照过错推定原则来认定信用卡服务经营者是否承担违约责任。因为过错推定原则既能适当减轻信用卡服务消费者的举证难度，同时又能适当限制信用卡服务经营者的责任负担，体现了平衡合同当事人利益的精神。就信用卡服务经营者违反附随义务的违约责任形式而言，目前仍以损害赔偿为主。对于其他责任形式是否可以适用，可以结合实践经验的积累进一步探索。

研究信用卡服务经营者附随义务给我们带来以下启示：首先，信用卡服务经营者附随义务具有极其鲜明的特殊性，需要将民法特别是合同法关于附随义务的一般规定与信用卡业务的特殊性结合，通过一般与特殊的融合确立的具体化规则才能发挥一般附随义务的应有作用。这是当下推动民法学研究向前发展的重要任务。信用卡服务经营者附随义务正是在对相对抽象、原则的附随义务规定进行规则细化的过程中推动民法学研究的发展。其次，信用卡服务经营者附随义务的研究是经验性的。这就要求我们在研究方法上高度重视对经验的总结、归纳和积累。一方面，要密切关注信用卡服务经营者违反附随义务的司法典型案例，发现其中的新问题、新现象、新规则；另一方面，要密切关注信用卡业务的发展现状，如信用卡服务的技术是否有新的突破、信用卡服务的模式是否有新的创意等。总之，对于信用卡业务本身及其所产生的法律需求要有深刻和敏锐的把握。最后，信用卡业务发展之快提示我们，在理论研究和配套规则的制订中要有紧迫感。

虽然关于信用卡服务经营者附随义务的研究起步较晚，但是无论其理论发展还是其规则适用均具有非常广阔的前景。就其理论发展前景而言，我国立法虽然规定了具有合同附随义务属性的具体义务，但是上述规定或过于原则、或过于模糊。这种立法状况，必然要求我们结合信用卡服务的特点研究如何细化和完善相关的法律规则。信用卡业务覆盖范围的快速扩展，因信用卡服务经营者违反附随义务而引发的纠纷大量出现，为我们进行该议题的研究提供了良好的经验素材和问题来源。信用卡业务的监管机构越来越重视信用卡服务消费者权益的保障，进而倒逼信用卡服务经营者提高服务质量、全面履行附随义务，客观上会推动监管机构和经营者加强信用卡服务经营者附随义务理论研究和规则制定的进度。就其规则适用的前景而言，信用卡服务经营者附随义务规则为信用卡服务经营者明确义务内容、义务履行方式、是否构成对义务的违反，以及如何承担违反义务的后果等提供了法律依据，清晰地指明了对其从业行为的要求，有助于提高信用卡服务经营者的运营效率，全面保护信用卡服务消费者的权益，妥善处理因信用卡服务经营者违反附随义务而引起的法律纠纷。上述内容在实践中可以产生的积极效果，定会为其带来广阔的适用前景。

参考文献

一、中文文献

（一）专著类

陈甦主编：《当代中国法学研究》，中国社会科学出版社 2010 年版。

陈任：《英国合同赔偿制度研究》，法律出版社 2013 年版。

陈自强：《民法讲义Ⅱ：契约之内容与消灭》，法律出版社 2004 年版。

崔建远：《合同法总论》（上卷）（第二版），中国人民大学出版社 2011 年版。

崔建远：《合同法总论》（中卷），中国人民大学出版社 2012 年版。

杜景林：《德国债法总则新论》，法律出版社 2011 年版。

冯果、袁康：《社会变迁视野下的金融法理论与实践》，北京大学出版社 2013 年版。

高鸿钧等主编:《英美法原论》(上、下),北京大学出版社2013年版。

郭锋、曾筱清、陈华彬主编:《金融服务法论丛》(第一卷),法律出版社2014年版。

郭锋、曾筱清、陈华彬主编:《金融服务法论丛》(第二卷),法律出版社2014年版。

郭俭主编:《金融案件法律适用关键词与典型案例指导》,法律出版社2013年版。

韩世远:《合同法总论》(第三版),法律出版社2011年版。

韩祥波:《金融产品销售的适当性法律问题研究——以金融产品的纠纷解决为中心》,法律出版社2013年版。

侯春雷:《银行卡民事纠纷法律适用》,人民法院出版社2013年版。

侯春雷:《信用卡交易的民法分析》,法律出版社2010年版。

何宝玉:《信托法原理与判例》,中国法制出版社2013年版。

刘士国:《科学的自然法观与民法解释》,复旦大学出版社2011年版。

李晗:《银行法判例与制度研究》,法律出版社2015年版。

李亮:《合同之附随义务研究》,中国检察出版社2009年版。

李永军:《民法总则》,中国法制出版社2018年版。

林诚二:《民法总则》(上、下册),法律出版社2008年版。

陆青:《合同解除效果的意思自治研究——以意大利法为背景的考察》,法律出版社2011年版。

梅伟:《意思表示错误制度研究》，法律出版社 2012 年版。

王利民:《民法的精神构造：民法哲学的思考》，法律出版社 2010 年版。

王利明:《合同法研究》(第一卷)(修订版)，中国人民大学出版社 2011 年版。

王利明:《合同法研究》(第二卷)(修订版)，中国人民大学出版社 2011 年版。

王利明:《合同法研究》(第三卷)，中国人民大学出版社 2012 年版。

王保树主编:《中国商法年刊(2008)：金融法制的现代化》，北京大学出版社 2009 年版。

王全兴:《经济法发展基础理论专题研究》，中国检察出版社 2002 年版。

王伟:《金融服务者缔约说明义务研究》，法律出版社 2015 年版。

魏振瀛:《民事责任与债分离研究》，北京大学出版社 2013 年版。

徐国栋:《民法基本原则解释——诚信原则的历史、实务、法理研究(再造版)》，北京大学出版社 2013 年版。

谢怀栻:《外国民商法精要》(增补版)，法律出版社 2006 年版。

奚晓明主编:《最高人民法院商事审判指导案例》(2012)(合同与借贷担保)，中国民主法制出版社 2013 年版。

许中缘、屈茂辉:《民法总则原理》，中国人民大学出版社 2012 年版。

徐星发编著:《票据的疑点、难点和重点——案例精选和解析》，中国金融出版社2009年版。

杨振东：《信用卡法律理论及适用》，社会科学文献出版社2012年版。

杨东：《金融消费者保护统合法论》，法律出版社2013年版。

应勇主编：《金融法治前沿——创新与转型中的金融市场规制》（2012年卷），法律出版社2013年版。

张文显：《法哲学范畴研究》（修订版），中国政法大学出版社2001年版。

张文显：《二十世纪西方法哲学思潮研究》，法律出版社2006年版。

张利春：《日本民法解释学中的利益衡量理论研究》，法律出版社2013年版。

张继红：《金融消费者权益保障热点法律问题研究》，中国政法大学出版社2014年版。

赵万一：《民法的伦理分析》（第二版），法律出版社2012年版。

朱淑娣、万玲：《全球化与金融消费者权益性政法保护》，时事出版社2013年版。

郑冬渝主编：《金融法学》，中国社会科学出版社2014年版。

曾世雄：《民法总则之现在与未来》，中国政法大学出版社2001年版。

卓泽渊、刘建、李小华主编：《金融法律服务与管理创新建设论坛》，中国人民公安大学出版社2012年版。

国家法官学院案例开发研究中心编：《中国法院2014年度案

例·金融纠纷》，中国法制出版社 2014 年版。

中国人民银行金融消费权益保护局编著:《金融消费权益保护典型案例》(2013)，中国金融出版社 2014 年版。

《萨维尼法学方法论讲义与格林笔记》(修订译本)，杨代雄译，法律出版社 2014 年版。

[美]卡多佐:《司法过程的性质及法律的成长》，张维编译，北京出版集团公司北京出版社 2012 年版。

[德]尼克拉斯·卢曼:《法社会学》，宾凯、赵春燕译，上海世纪出版集团 2013 年版。

[奥地利]尤根·埃利希:《法律社会学基本原理》，叶名怡、袁震译，江西教育出版社 2014 年版。

[德]迪特尔·梅迪库斯:《德国民法总论》，邵建东译，法律出版社 2001 年版。

[德]卡尔·拉伦茨:《德国民法通论》，谢怀栻等译，法律出版社 2004 年版。

[德]卡尔·拉伦茨:《法学方法论》，陈爱娥译，商务印书馆 2003 年版。

[德]海因·克茨:《欧洲合同法》(上卷)，周忠海、李居迁、宫立云译，法律出版社 2001 年版。

(二)期刊论文类

蔡立东、张临伟:《"平等主体关系说"评判——兼评〈民法典草案〉第二条》，载于《南京大学法律评论》2005 年第 2 期。

蔡立东、曹险峰:《中国特色社会主义民法学理论研究》，载于《当代法学》2013 年第 3 期。

蔡立东:《论法人行为能力制度的更生》，载于《中外法学》2014 年第 6 期。

蔡立东:《“平等主体关系说”的弃与留——未来〈民法典〉调整对象条款之抉择》，载于《法学论坛》2015 年第 2 期。

崔建远:《论违约的精神损害赔偿》，载于《河南省政法管理干部学院学报》2008 年第 1 期。

崔建远:《中国债法的现状与未来》，载于《法律科学》(西北政法大学学报)2013 年第 1 期。

陈任:《合同义务扩张的比较研究》，载于《西北大学学报》(哲学社会科学版)2007 年第 5 期。

陈俐茹:《论信用卡交易制度及其法律关系》，载于《比较法研究》2004 年第 5 期。

陈洁:《投资者到金融消费者的角色嬗变》，载于《法学研究》2011 年第 5 期。

迟颖:《我国合同法上附随义务之正本清源——以德国法上的保护义务为参照》，载于《政治与法律》2011 年第 7 期。

樊纪伟:《我国金融消费者权益保护的困境和路径选择》，载于《证券市场导报》2014 年第 5 期。

冯果:《金融服务横向规制究竟能走多远》，载于《法学》2010 年第 3 期。

费安玲:《论合同法中的附随义务》，载于《当代司法》1999

年第 9 期。

郭鹏:《对附随义务的再思考》，载于《山西省政法管理干部学院学报》2007 年第 2 期。

郭连恒:《合同义务与合同附随义务的比较研究》，载于《内蒙古大学学报》(哲学社会科学版)2010 年第 3 期。

高民:《信用卡业务国际比较》，载于《中国金融》2015年第2期。

韩启东:《论法律缺陷与金融风险》，载于《金融理论与实践》2007 年第 12 期。

韩世远:《构造与出路：中国法上的同时履行抗辩权》，载于《中国社会科学》2005 年第 3 期。

侯国跃、曾兴灿:《银行对失卡储户的附随义务》，载于《重庆行政》(公共论坛) 2010 年第 6 期。

何丽新、宁新发:《论合同附随义务的不当扩张问题》，载于《新疆大学学报》(哲学·人文社会科学版) 2006 年第 1 期。

胡平仁:《法律义务新论——兼评张恒山教授〈义务先定论〉中的义务观》，载于《法制与社会发展》(双月刊) 2004 年第 6 期。

焦富民:《论诚实信用原则和合同义务的扩张》，载于《扬州大学学报》(人文社会科学版) 2001 年第 2 期。

刘士国:《类型化与民法解释》，载于《法学研究》2006年第6期。

李昊:《德国新债法中附随义务的构造》，载于《环球法律评论》2009 年第 5 期。

李建华:《论民事活动——兼论我国未来民法典总则结构的设计》，载于《法制与社会发展》2000 年第 2 期。

李建华、许中缘:《论民事习惯与我国民法典》，载于《河南省政法管理干部学院学报》2004 年第 2 期。

李建华、杨代雄、韦经建:《以人为本与中国民法典的价值取向》，载于《社会科学战线》2006 年第 5 期。

李建华、董彪、杨代雄:《我国民法典总则编私权的立法设计——对私权一般性规定和类型化的反思》，载于《吉林大学社会科学学报》2008 年第 3 期。

李建华:《论我国民法典基本原则表述的立法技术——兼论民法典基本原则立法表述中民事活动等概念的取舍》，载于《吉林大学社会科学学报》2009 年第 3 期。

李建华、王琳琳、曹险峰:《中国未来民法典总则编私法责任一般条款的立法设计》，载于《社会科学战线》2009 年第 11 期。

李建华、麻锐:《论财产性民事责任优先承担规则》，载于《社会科学战线》2011 年第 8 期。

李建华、王国柱:《我国民法典总则编私权客体制度的立法设计》，载于《吉林大学社会科学学报》2012 年第 3 期。

李建华、彭诚信:《论合同相对性原则在处理商品房买卖合同纠纷中的司法适用——基于最高人民法院相关司法解释及其判决的评判和反思》，载于《法律科学》（西北政法大学学报）2012 年第 5 期。

李建华、麻锐:《论商事权利理论体系的构建》，载于《吉林大学社会科学学报》2014 年第 5 期。

李小峰:《附随义务的法理基础及其在义务群中的地位》，载于

《河南司法警官职业学院学报》2009年第2期。

李敏:《合同法中的附随义务探讨》,载于《甘肃政法学院学报》2005年第5期。

李伟、单晓光:《中德附随义务的比较思考》,载于《德国研究》2006年第3期。

梁三利、陆军:《合同附随义务理论发展演变及其思考》,载于《学海》2005年第1期。

刘晓霞:《试析〈合同法〉中合同义务的扩张及意义》,载于《甘肃政法学院学报》2001年第4期。

刘毅强:《附随义务侵害与合同解除问题研究——以德国民法典第324条为参照》,载于《东方法学》2012年第3期。

刘力:《附随义务三题——以审判实践为中心兼及对理论之检讨》,载于《法学》2005年第11期。

马新彦:《信赖原则在现代私法体系中的地位》,载于《法学研究》2009年第3期。

齐崇文:《论义务的来源》,载于《学术探索》2012年第3期。

齐崇文:《中国传统法律义务观评析》,载于《上海政法学院学报》(法治论丛)2014年第4期。

钱大军:《法律义务的合理性分析》,载于《社会科学战线》2003年第3期。

钱大军:《法律义务的逻辑分析》,载于《法制与社会发展》(双月刊)2003年第2期。

屈茂辉:《论民法上的注意义务》,载于《北方法学》2007年第 1 期。

宋建立:《储蓄存款合同中的附随义务及责任》，载于《人民司法·应用》2009 年第 3 期。

孙良国:《合同法中可预见规则研究》，载于《国家检察官学院学报》2011 年第 6 期。

陶茶香:《浅析银行卡存款当事人的附随义务》，载于《金融与经济》2013 年第 5 期。

王利明:《我国证券法中民事责任制度的完善》，载于《法学研究》2001 年第 4 期。

王利明:《侵权责任法与合同法的界分——以侵权责任法的扩张为视野》，载于《中国法学》2011 年第 3 期。

王利明:《典型合同立法的发展趋势》，载于《法制与社会发展》(双月刊)2014 年第 2 期。

王闯:《论双务合同履行中的同时履行抗辩权——兼释合同法第六十六条及其适用中的相关疑难问题》，载于《法律适用》2000 年第 12 期。

王闯:《论合同法中的协作履行原则》，载于《人民司法》2001 年第 2 期。

王斐民、樊富强:《金融消费者：界定标准与立法确认》，载于《首都师范大学学报》(社会科学版)2013 年第 6 期。

王建平、吴伟央:《投资者保护法制框架的境外经验及借鉴——以金融消费者保护为视角》，载于《证券市场导报》2014 年第 5 期。

王轶:《民法典的规范类型及其配置关系》,载于《清华法学》2014年第6期。

王玉春:《合同附随义务之类型分析》,载于《重庆科技学院学报》(社会科学版)2009年第8期。

王杨:《附随义务与安全保障义务之辨析》,载于《湖北社会科学》2012年第3期。

王金根:《服务合同研究》,载于《重庆工商大学学报》(社会科学版)2010年第6期。

汪渊智、李媛:《论附随义务》,载于《山西大学学报》(哲学社会科学版)2001年第3期。

汪振江、张驰:《互联网金融创新与法律监管》,载于《兰州大学学报》(社会科学版)2014年第5期。

巫文勇:《金融市场侵权损害的多重民事法律救助制度》,载于《甘肃社会科学》2014年第4期。

邢会强:《金融法理论的变革与"金融服务法"理论的初步构建》,载于《金融服务法评论》2010年第1期。

杨会、刘涛:《论附随义务的界定》,载于《黑龙江省政法管理干部学院学报》2009年第6期。

杨国平:《合同附随义务的违反与同时履行抗辩权之适用》,载于《黑龙江省政法管理干部学院学报》2010年第7期。

叶榅平:《适用保护义务的界限和依据——以保护义务的法律性质为中心》,载于《法商研究》2008年第6期。

姚建宗:《中国特色社会主义法的价值论》,载于《辽宁大学学报》（哲学社会科学版）2013 年第 2 期。

张春普：《附随义务涵义和价值理念的探析》，载于《河北法学》2001 年第 2 期。

张文显：《部门法哲学引论——属性和方法》，载于《吉林大学社会科学学报》2006 年第 5 期。

张恒山：《分析实证主义法学义务观辨析》，载于《苏州大学学报》（哲学社会科学版）2013 年第 2 期。

张恒山：《义务、法律义务内涵再辨析》，载于《环球法律评论》2002 年第 4 期。

张民、崔建远：《责任竞合的“收”与“放”——我国〈合同法〉第 122 条规定的解释与适用》，载于《国家检察官学院学报》2011 年第 5 期。

张美玲、谭金可：《论金融衍生品投资者适当性规则的构建——欧盟经验与借鉴》，载于《湖南师范大学社会科学学报》2014 年第 5 期。

朱庆、唐友伟：《发达国家金融消费者权益保护的经验及对我国的启示》，载于《海南金融》2011 年第 3 期。

曾祥生：《服务合同：概念、特征与适用范围》，载于《湖南社会科学》2012 年第 6 期。

［日］佐藤孝弘：《对董事注意义务和忠诚义务的渊源分析》，载于《经济与管理》2011 年第 9 期。

［日］宫本健藏：《日本的安全照顾义务论的形成与展开》，金春龙译，载于《清华法学》第四辑，清华大学出版社 2004 年版。

（三）学位论文类

陈俐茹：《从消费者权益之保护论信用卡定型化契约》，中国政法大学2003年硕士学位论文。

侯国跃：《契约附随义务研究》，西南政法大学2006年博士学位论文。

孙良国：《关系契约理论导论》，吉林大学2006年博士学位论文。

唐静：《信用卡持卡人权益保护研究》，上海交通大学2007年硕士学位论文。

杨旖：《论信用卡合同的法律规制》，西南政法大学2007年硕士学位论文。

郑磊：《信用卡合同法律问题研究》，复旦大学2012年硕士学位论文。

二、外文文献

（一）著作类

Hans Schulte-Nolke, Christian Twigg-Flesner, Martin Ebers, *EC Consumer Law Compendium: The Consumer Acquis and its transposition in the Member State*, Sellier, 2008.

Ewan McKendrick, *Contract Law: Text, Cases and Materials(The Third Edition)*, Oxford University Press, 2008.

E. Allan Farnsworth, *Farnsworth on Contracts(Vol. III)*, Wolters Kluwer Law & Business, 2004.

Steven J. Burton, *Principles of Contract Law(Fourth Edition)*, A

Thomson Reuters business, 2012.

Joseph M. Perillo, *Calamari and Perillo on Contracts(Sixth Edition)*, A Thomson Reuters business, 2009.

Oren Bar-Gill, *Seduction by Contract: Law, Economics, and Psychology in Consumer Markets*, Oxford U. Press , 2012.

Hans-W Michlitz, Jules Stuyck and Evelyne Terryn, *Cases, Materials and Text on Consumer Law*, Hart Publishing, 2010.

Geraint Howells, Iain Ramsay, Thomas Wilhelmsson, David Kraft(edited by), *Handbook of Research on International Consumer Law*, Edward Elgar, 2010.

Eyal Zamir and Doron Teichman(edited by), *Behavioral Economics and the Law*, Oxford University Press, 2014.

David Zarfes and Michael L. Bloom, *Contracts and Commercial Transactions*, Wolters Kluwer Law & Business, 2011.

（二）论文类

James Gordley, "European Code and American Restatements:Some Difficulties" , *Columbia Law Review*, Vol.81, No.1(Jan.,1981).

Oliver Wendell Holmes, "Law in Science and Science in Law" , *Harvard Law Review*, Vol.12, No.12(Feb.25,1899).

Friedrich Kessler, "Contracts of Adhesion-Some Thoughts About Freedom of Contract" , *Columbia Law Review*, Vol.43, 1943.

John E.Murray,Jr., "Contract Theories and the Rise of

Neoformalism", *Fordham Law Review*, Vol.71, 2002.

Melvin A.Eisenberg, "Why There is No Law of Relational Contracts", *Northwestern University Law Review*, Vol.94, 1999–2000.

Duncan Kennedy, "Form And Substance In Private Law Adjudication", *Harvard Law Review*, Vol.89, 1976.

John C. Weistart, "Consumer Protection In The Credit Card Industry: Federal Legislative Controls", *Michigan Law Review*, Vol.70, 1971–1972.

Peter Bowal, "When Credit Card Bills Do Not Have To Be Paid", *Law Now* 50,1997–1998.

Sharon Campbell, "Credit Card Reform Act", *Gpsolo*, Vol.28, July/August, 2011.

Rick Fischer,Daniel Laudician,and Obrea Poindexter, "The New Credit Card Rules", *The Business Lawyer*, Vol.65, February 2010.

Andrea Freeman, "Payback:A Structural Analysis Of The Credit Problem", *Arizona Law Review*, Vol.55,2013.

Jerome E.Jackson, "Fraud Masters:Professional Credit Card Offenders And Crime", *Criminal Justice Review*, Vol.19, Number 1, Spring 1994.

Steve Cornelius, "The Legal Nature Of Payment By Credi Card", *S.Afr.Mercantile L.J.* Vol.15,2003.

James J.White, "Contract Law in Modern Commercial Transaction, An Artifact Of Twentieth Century Business Life?", *Washburn Law*

Journal, Vol.22,1982–1983.

Paula Giliker, "Unifying European Contract Law:Identifying a European Precontractual Obligation to Inform" , *Cambridge Y.B. Eur. Legal Stud.* Vol.7,2004–2005.

Melvin Aron Eisenberg, "The Responsive Model of Contract Law" , *Stanford Law Review*, Vol.36,May,1984.

Josh Albin, "Chopped Pot: Legalizing Online Poker In The United States In A Manner That Benefits Consumers,Business,International Trade Obligations And Government Revenue Collection" , *The Journal of International Business & Law*, Vol.14,2015.

Walter Wheeler Cook, "Revised Edition,Williston On Contracts" , *Illinois Law Review of Northwestern University*, Vol.33,1938–1939.

Shawn J.Bayern, "Offer and Acceptance in Modern Contract Law: A Needless Concept" , *California Law Review*, Vol.103,2015.

Gregory E.Maggs, "Ipse Dixit: The Restatement(Second) of Contract and The Modern Developmen of Contract Law" , *The George Washington Law Review*, Vol.66,1998.

D.J.Ibbetson, "Fault and Absolute Liability in Pre–Modern Contract Law" , *Legal History*, Vol.18,No.2(August 1997).

Arthur J.Marinelli, "Evolving Concept of Unconscionability In Modern Contract Law" , *Journal of Law and Business*, Vol.5,1998.

Daniel J. Solove, "Introduction: Privacy Self–Management and the Consent Dilemma" , 126 *Harvard Law Review*(2013).

Omri Ben-Shahar, "One-Way Contracts: Consumer Protection Without Law" , 6 *European Review of Contract Law* (2010).

Samuel Issacharoff and Erin F. Delaney, "Credit Card Accountability" , 73 *University of Chicago Law Review*(2006).

后 记

本书是以我的博士论文为底稿修改完成的。博士毕业已有数年，其间我国的法治事业取得了巨大进步，在实现马克思主义法治理论新飞跃的同时，也实现了马克思主义法治实践的新发展，即创造性地提出了具有中国特色的新时代的法治思想，颁布了具有中国特色的回应时代需要的《民法典》。《民法典》的颁布和实施已经对人民群众产生了非常显著的影响。我在读博期间写作的论文是以《民法典》颁布之前的相关法律法规及理论为基础的，根据《民法典》的最新立法进展做出修改和完善是延续其理论价值的必然要求。虽然本书是在已有论文的基础上修改完成，但是因《民法典》全新的立法理念、立法体系和立法表述，对原论文的修改是非常大的。在修改文稿之余，成长中难忘而美好的经历又浮现在脑海之中。饮水思源，在品味回忆中我发现真正的美好皆由人而生，所以应当向所有给予我帮助、关心和支持的人致以最真诚的感谢，是你们让我感受到了美好。

最要感谢的是我的导师李建华老师。我与老师相识于民法课堂，结缘于民法专业。回忆我的法律学习之路，从本科开始已有二十余载，在漫长的岁月中始终伴随着老师的帮助、指点和爱护。从专业启蒙、人生规划，到授业解惑、职业传道，老师总是毫无保留，耐心细致。回想老师在指导我论文写作的时候，在最后定稿前，老师总是认真看至深夜甚至凌晨，反复推敲修改才得以最终定稿。老师之爱山高水长。

我的一个好朋友彭卫平曾经多次对我说，吉林是他改变命运的起点，所以吉林是他的福地。作为土生土长的吉林人，我深感吉林是一个民风淳朴的好地方，坐落于吉林省内的吉林大学则集中体现了吉林淳朴厚实的风格。在吉林大学学习期间，深受吉林大学法学院各位老师影响。每位老师都各有所长，他们既有扎实的理论功底，也有丰富的实践经验，既有爱护学生的道德品质，亦有敢于创新的理论品格。正是各位老师的言传身教拓展了我的视野，给了我榜样的力量。在此，向在我论文写作过程中给予指导和帮助的蔡立东教授、孙学致教授、马新彦教授、于莹教授、曹险峰教授、孙良国教授、李国强教授、王国柱教授、高宇老师表达我最真诚的谢意。感谢答辩委员会的张广兴老师、李岩老师给予的宝贵意见和难得指点。同时，还要感谢因吉林大学而结缘的林维教授、彭诚信教授、郭海峰老师，感谢各位老师给予的兄长般的关爱，感谢各位老师在我的成长中给予的鼓励、引导和提携。

无锡市中级人民法院曾是我工作的第一站。在这里遇到了我的好师兄和好学长，还有我的好领导。借此机会，向在生活和工作上给予我无限关心的徐振华和方海明两位院长师兄、赵建聪院长、蔡毅院长、陆超庭长给予的工作指导和生活关爱致以真诚的谢意。感谢我的同事张浩庭长、韩蓓、李骏、朱佳丹、肖俊杰，感谢我的室友蒋璟、郭继光、吕华伟。

在中国银行总行虽然时间短暂，但是工作非常充实。感谢我的领导耿伟、牛光军、刘英红、邵青、范逸蓉给了我宝贵的机会和难得的工作指导。感谢我的同事和好友管君、薛璟一起分享工作经验、一起分担工作任务。

2016年，我进入北京服装学院工作。首先要向接纳我的领导和同事表示深深的感谢。北京服装学院不仅给了我工作的机会，也给了我成长的空间。特别是本书的出版，如果没有学校和部门领导的关心与爱护是不可能的。思想政治理论课教学部是一个温馨团结的集体，在这里首先要感谢我思政教学工作的引路人张红玲老师，她任劳任怨的工作精神和带领大家共同发展的团队格局永远是我学习的榜样。感谢董瑞侠老师、闫东老师、史学伟老师毫无保留的指导和鼓励。感谢寻梁老师给予的兄长般的帮助，与我分享授课经验、共享人生体验。感谢我们思政部大家庭中的每一位成员。

在此，还要感谢陪我一路走来的家人和好友。感谢我的父母，我的父母勤劳本分、老实厚道。他们用自己的行动和品行影响我、教育我、支持我。感谢我的岳父、岳母，二老善良仁慈，为我和爱人专心工作默默奉献。感谢我的妻子吴霜女士，为使我专心工作而独自承担了大量且繁重的家务。感谢我的儿子王瀚小朋友，为我们辛苦的生活增添了很多快乐。同时，还要感谢我的好友林杰、许海峰、李明、齐冬辉、张娜娜、毛国、董伟杰、吴钦松、范立楠、柏靓春、李今博、徐善勤等。

当然，一定要感谢编辑部刘峥老师和马旭老师的指导和帮助，他们的职业情怀和倾心付出，使本书得以出版。

最后，还要感谢各位读者。没有读者的作品是没有价值的，读者比作者更重要。虽然本人付出了努力、倾尽了心血，但是终因能力有限，书中有很多不尽如人意甚至是错误的地方，还请各位读者批评指正。

王敬礼

2022 年 5 月 30 日于北京

图书在版编目（CIP）数据

信用卡服务经营者附随义务 / 王敬礼 著 . — 北京：东方出版社，2023.1
ISBN 978-7-5207-2918-5

Ⅰ. ①信… Ⅱ. ①王… Ⅲ. ①信用卡业务—民法—研究—中国 Ⅳ. ① D923.04

中国版本图书馆 CIP 数据核字（2022）第 142116 号

信用卡服务经营者附随义务
（XINYONGKA FUWU JINGYINGZHE FUSUI YIWU）

作　　者：王敬礼
责任编辑：刘　峥　马　旭
出　　版：东方出版社
发　　行：人民东方出版传媒有限公司
地　　址：北京市东城区朝阳门内大街 166 号
邮　　编：100010
印　　刷：北京联兴盛业印刷股份有限公司
版　　次：2023 年 1 月第 1 版
印　　次：2023 年 1 月第 1 次印刷
开　　本：880 毫米 ×1230 毫米　1/32
印　　张：7.25
字　　数：147 千字
书　　号：ISBN 978-7-5207-2918-5
定　　价：78.00 元
发行电话：（010）85924663　85924644　85924641